中公新書 2374

八代尚宏著

シルバー民主主義

高齢者優遇をどう克服するか

中央公論新社刊

はじめに

急速に進む少子・高齢化は、日本の経済社会にさまざまな形で大きな影響を及ぼしている。それにもかかわらず、高齢者が少数であった時代に形成された社会制度や慣行を、高齢化社会に対応して改革する動きは、遅々として進んでいない。これは政治家が当面の選挙に勝つために、増える一方の高齢者の既得権を守ろうとする「シルバー民主主義」が大きな影響力をもっているためである。持続的に増える高齢者が、政治に直接・間接に大きな影響力をもつことは、他の先進国にも共通した問題であるが、高齢化のスピードの速い日本では、とくにその影響が大きい。

日本におけるシルバー民主主義には、他国と異なる三つの主要な特徴がある。

第一は、社会保障制度や企業の雇用慣行において、若年者より高齢者を優先することによる、世代間格差の広がりである。これは有権者に占める高齢者比率の高まりと、若年者の投票率が高齢者に比べて著しく低いことがもたらす政治力のアンバランスにより助長されている。

第二は、政府を通じた画一的な所得移転を重視し、借金に依存した日本の社会保障の現状を放置する近視眼的な政策である。この結果、毎年の財政支出の配分が高齢者に偏るだけでなく、政府の借金の累増という形で後の世代の負担が持続的に高まっていく放漫財政に陥っている。

第三は、過去の日本経済の成功体験に縛られ、経済社会の変化に対応した新たな制度・慣行へ改革することに対する消極的な姿勢と先送り志向の強まりである。これは過去二〇年以上もの日本経済の長期停滞とも密接に関係している。

日本は半世紀以内に人口全体の四割が六五歳以上となる、世界でもトップクラスの高齢化社会を迎える。そのなかで、シルバー民主主義の弊害はいっそう大きなものとなる。平均的な高齢者の所得や資産の水準が、勤労世代と比べて遜色《そんしょく》ない水準にまで高まった今日でも、「高齢者は一律に貧しく保護が必要」という神話があるからだ。二〇一五年度の補正予算に盛り込まれた、約一一三〇万人もの低年金高齢者への一律三万円の臨時給付金はその典型例である。

シルバー民主主義は、欧米諸国のように強力な政治活動を行う高齢者団体が少なかった日本では、これまで大きな関心を呼んでいなかった。しかし二〇一五年五月に、年金支給額を自動的に調整する仕組みを憲法違反とする集団訴訟が全国で始まった。これは日本でもシルバー民主主義の圧力が高まっていることを示唆している。

個人にとって、長生きすることは望ましいことである。しかし、その結果、人口に占める高齢者の比率が持続的に高まると、年金・医療・介護などの社会保障給付が増大し、税や社会保険料が高まるなど、社会にとって大きな負担となる。なぜ、個人にとって望ましいことが、社会全体では大きな問題となるのだろうか。それは社会保障制度をはじめとする、政府の市場への介入のあり方に、大きな欠陥があるためである。

先進国の経済発展を支えてきた市場経済のシステムでは、個人や企業が個々の利益を追求することが、「見えざる手」の働きを通じて経済全体に利益をもたらすメカニズムが働いている。そこでは、事業の採算のとれない非効率的な企業は、市場での競争を通じて自然に淘《と》汰《た》され、消費者に選ばれるものだけが生き残れる。しかし、国が独占的に運営する年金保険には、民間の保険会社のように倒産するリスクがなく、財政規律が働きがたい。このため、高齢者層という特定の人口集団の利害を反映して年金給付が増える一方、現役世代の反発に考慮して負担は少なくという、保険原理を無視した政治的介入が行われてきた。このシルバー民主主義の弊害は、高齢化で政府を通じた所得再配分の規模が拡大するとともに、いっそう大きなものとなる。

高齢者の年金・医療などの社会保障給付を増やすために、勤労者の負担する社会保険料は持続的に引き上げられてきたものの、それだけでは長寿化で増える高齢者への給付を賄うには不十分である。この結果、国債という借金に安易に依存する体質となり、日本の公的債務のGDP比は欧米諸国の倍近い水準にまで膨れ上がり、財政破綻《はたん》国家のギリシャよりも高い水準となっている。このコストは、若年層や、まだ生まれてもいない者も含めた後の世代へと先送りされ、いずれはその負担増で償還されなければならない。

民主主義政治の「最大多数の最大幸福」の原則は、社会全体の「給付と負担の均衡」という当然の制約条件の下でしか成り立たない。後の世代の借金を増やしてまで現世代の利益を追求することは、家族のうちでも社会全体でも、本来、許されないはずである。この世代間格差は、「代表なくして課税なし」の納税者民主主義の基本原則にも反するものである。

高齢者に限らず、社会のさまざまな利害を代表する団体が、その政治力を用いた活動を行うことは、民主主義の下での正当な権利である。しかし、圧倒的に大きな政治力をもつ集団にこびる政治家が、目先の利益だけを主張し、長期的な整合性を欠く政策を主張するようになれば、一国全体の利益を損ねるものとなる。

日本のシルバー民主主義の真の問題は、高齢者の「目先の利益」を過度に重視する結果、社会保障制度の持続性を損なうことで、むしろ高齢者の不安感を高めていることである。現行の「借金に全面的に依存した社会保障」の恐るべき現実を高齢者に明確に示す勇気ある政治家の言葉に耳を塞《ふさ》ぐほど、団塊の世代の高齢者は近視眼的ではない。そうであれば、長期的に維持可能な社会保障制度を構築することが、どの世代の人々にとっても重要なことを、客観的なデータを用いて示さなければならない。

この障害となるのが、過去の年金制度の運営に関する過ちを認めず、むしろそれを正当化しようとする年金行政であり、これが目先のポピュリズムに走る政党政治と結びついている。その結果、高齢化という大きな社会的変化にもかかわらず、過去の時代に形成された制度や慣行の改革を先延ばしする「政策の不作為」が生じている。この典型例が年金制度であり、「民をして、依《よ》らしむべし。知らしむべからず」という古来の支配原理の思想が色濃く残っている。

日本のシルバー民主主義は、雇用政策にも反映されている。企業の負担で、仕事能力にかかわらず定年退職者の雇用を画一的に義務付ける高齢者雇用安定法は、その典型例である。そうした法律が必要となるのは、先進国の多くでは「年齢による差別」として禁止されている定年退職制度が、日本では堅持されているためである。これは大企業を中心とした画一的な雇用保障と年功賃金の結果であるが、その見直しも遅々として進まない。

こうしたシルバー民主主義の脅威に対応するために、これまで政治学の立場から提言されてきたのは、高齢者の過大な政治力を抑制するため、世代別の選挙区を導入するなど、高齢者の投票権を間接的に制限するものであった。しかし、高齢者の利益に反した政治制度への改革を、高齢者層が大きな政治力をもっている選挙で選ばれた政治家に求めることは、根本的に矛盾している。そうした「一票の平等性」に反する制度改正を掲げる政党が、政権を取れる可能性はきわめて乏しい。こうした政治学からの提案はいわば机上の空論であり、シルバー民主主義の克服にはならない。

民主主義国における社会保障制度の改革は、現状よりも短期的には不利になる高齢者世代の合意を前提としなければならない。これを実現するためには、まず第一に、高齢者にとって現行の社会保障制度が維持できなくなるリスクを認識させることである。現行の高齢者への優遇措置は、必ずしも高齢者団体などの政治的な圧力に応えた整合的な政策ではない。高齢者が少数であった時代に作られた制度・慣行が、高齢者が持続的に増える社会にも、そのままの形で維持されている「政策の不作為」の結果である。世界のトップクラスの平均寿命に比べて年金受給期間が長すぎる「お得な公的年金」や、頻繁に病院や診療所に行ける「大盤振る舞いの医療保険」は、毎年の膨大な国債発行に支えられており、いつかの時点で大幅な削減を受けるリスクを孕《はら》んでいる。

第二には、子どもや孫世代の利益を守る、高齢者の利他的な行動への期待である。子どもや孫の世代に多くの借金を残す現行の社会保障制度の本質が理解されれば、そうした状況を放置することは、決して望ましくないと日本の高齢者も気付くはずである。今後、財政制約がいっそう強まるなかで、高齢者への社会保障給付の一部を抑制し、それを子育て支援に振り向けることは、将来の年金・医療・介護保険などの負担を担う子ども世代の健全な育成を図るために不可欠である。

日本経済の発展を支えた団塊の世代が引退期を迎えている今日の社会では、高齢者の大部分は、政治家が考える以上の知識を有している。すでにドイツやオーストラリアなど、他の先進国でも大胆な年金制度の改革が実現している。子どもや孫世代の利益を尊重する日本の高齢者の良識を前提として、現在の日本の社会保障の危機的な状況についての理解を深めれば、世代間の利害の調整を踏まえた、本来の民主主義を回復させることは十分に可能である。

本書がそのためのささやかな貢献となれば幸いである。

目次

はじめに　i

第1章　シルバー民主主義とは何か……3

「全日本年金者組合」の提訴　予想を上回る高齢化の速度　長寿のパラドックス　日米の違い　高齢者の票が重くなるメカニズム　集住の時代へ　大阪都構想をめぐる世代間対立　納税者民主主義の危機　若年層の投票を増やす方法　世代別選挙区、ドメイン投票方式、余命比例投票　孫世代に課す負担を知る　「不良債権」リスクを知る　欧米の高齢者団体

第2章　日本の高齢者は「弱者」なのか……31

もっとも格差の大きな年齢層　所得と資産　高齢者の相対的貧困　潤沢な資産と低い運用能力　低所得高齢者救済を名目にしない　格差の要因　リスクとしての「下流老人」　子どもの貧困こそ深刻　生活保護制度の改革

第3章　高齢化社会の新しい家族のあり方……53
家族の変貌　親子同居率の低下　高齢者の離婚問題
選択的夫婦別姓への誤解　同性婚と緩やかなパートナーシップ　高齢単身者と多様な家族関係

第4章　借金まみれの社会保障の改革……69
改革の究極の課題とは　借金に依存した社会保障　小泉政権の取り組み　国債増加の何が問題か　年金積立金の枯渇問題　年金財政改善の三つの手段　「不良債権処理」としての年金改革　社会保険から保護・福祉へ

第5章　シルバー民主主義下の年金制度……91
年金マンガと集団訴訟　長生きのリスクに備える　積立方式から賦課方式への意図せざる移行　積立方式への回帰を　世代間格差は存在する　格差の試算　マクロ経済スライドは両刃の剣　財政検証という「粉飾決算」　年

金集団訴訟の問題点　国民年金は少なすぎるか　実質価値で考える　年金集団訴訟にどう応えるか

第6章　高齢化時代に公平な税制とは……117

高齢者優遇の税制度　年金所得への課税　専業主婦優遇が生む歪み　消費税はなぜ嫌われるのか　社会保障目的消費税の意義　シルバー民主主義克服への道　年金以上に問題な国民健康保険　資産課税の強化も

第7章　医療・介護にシルバー市場を……137

シルバー市場の可能性　「高齢者の高齢化」で増える医療・介護費用　オバマケアの意義　医療保険給付を抑制するために　混合診療　家庭医の門番機能　介護保険制度の限界　介護労働者の報酬を上げるために　医療・介護分野における企業の活用

第8章　企業内のシルバー民主主義……………………157
現行の雇用慣行の矛盾　年功賃金カーブの格差　高齢者の働き方の実情　「年齢による差別」とは何か　年功賃金は事実上の企業内年金制度　高年齢者雇用安定法の矛盾　派遣法も中高年正社員保護策　大企業の働き方が変わるべき　真の同一労働・同一賃金の実現　なぜ高齢者雇用だけ補助金が出るのか　失業給付も高齢者優遇　欧州の高齢者労働政策　「年齢不問」の社会へ
おわりに　187
参考文献　189

シルバー民主主義

高齢者優遇をどう克服するか

第1章　シルバー民主主義とは何か

「全日本年金者組合」の提訴

日本では、世界でも最速のスピードで高齢者人口が増えている。それだけでなく、高齢者の投票率が他の年齢層よりもはるかに高いことから、高齢者の利益に合致する政策が追求されやすい。高齢者の利益を反映した近視眼的な政治が支配するシルバー民主主義のリスクは、ますます強まっている。高齢者の目先の利益のために、年金や医療のさらなる充実を求める政治団体がいくつも生まれ、政治家に対して活発なロビー活動を展開する可能性も高まっている。

二〇一五年五月に「全日本年金者組合」が全国の一三都府県で提訴した、年金額の引き下げを憲法違反とする訴訟は、その一例である。こうした政治運動が広まれば、現在の厳しい財政上の制約とは無関係に、人口高齢化に比例して増える年金などの社会保障費の拡大を求める声が大きくなる。そうなれば、すでに先進国のうち最悪の水準にある日本政府の債務は増え続け、社会保障制度を長期的に維持可能とするための地道な改革が妨げられる可能性が大きい。

もっとも、シルバー民主主義は負の面だけではない。米国などでは、高齢者団体が主体となった定年制の廃止などの運動が、高齢者の雇用機会を広げ、その就業率の向上を通じて経済活動の活性化に貢献するなど、ポジティブな効果も見られている。これは世代間の対立を煽《あお》るのではなく、高齢者が働き続けられる労働市場へ改革するための運動であり、今後の日本も学ぶ点が多い。

本章では、シルバー民主主義についての政治経済学的な分析を展望する。まず、高齢者人口の増加傾向と、選挙での投票率の高さとの相乗作用に基づく、高齢者層の政治的な影響力の高まりが、民主主義政治に及ぼす問題点について展望する。次に、そうした高齢者の「過大な政治力」を抑制するためのさまざまな選挙制度改革案について考える。最後に、単に高齢者と勤労者との世代間の利害対立に注目するのではなく、高齢者自身が納得する形で、シルバー民主主義の弊害を抑制する代替案を提言する。

予想を上回る高齢化の速度

日本の人口は、すでに二〇一〇年頃をピークに減少を始めているが、六五歳以上の高齢者層だけは、二〇六〇年まですらに増加を続ける見込みとなっている。六五歳以上人口の比率は、一九六〇年代まで人口の五%で安定していたが、その後は持続的に上昇し、二〇一五年現在では二五%を突破している。この傾向は今後も強まり、二〇六〇年の高齢化のピーク時には四〇%に達することが見込まれている。また、高齢者のなかでも七五歳以上の後期高齢者が増える「高齢者の高齢化」も着実に進展する。この年齢層は、疾病や要介護になるリスクがとくに高く、医療や介護などの社会保障給付の増加に拍車をかけることになる（第7章）。

この高齢化の速度は、日本の社会保障制度の枠組みが形成された一九七〇年代前半期に立てられた将来人口予測をはるかに超えている。当時の人口予測では、高齢化のピーク時の二〇五〇年の高齢者比率は二二%程度にとどまるとしていたが、これはすでに二〇一〇年の水

図表1－1　過去の高齢化率の推計

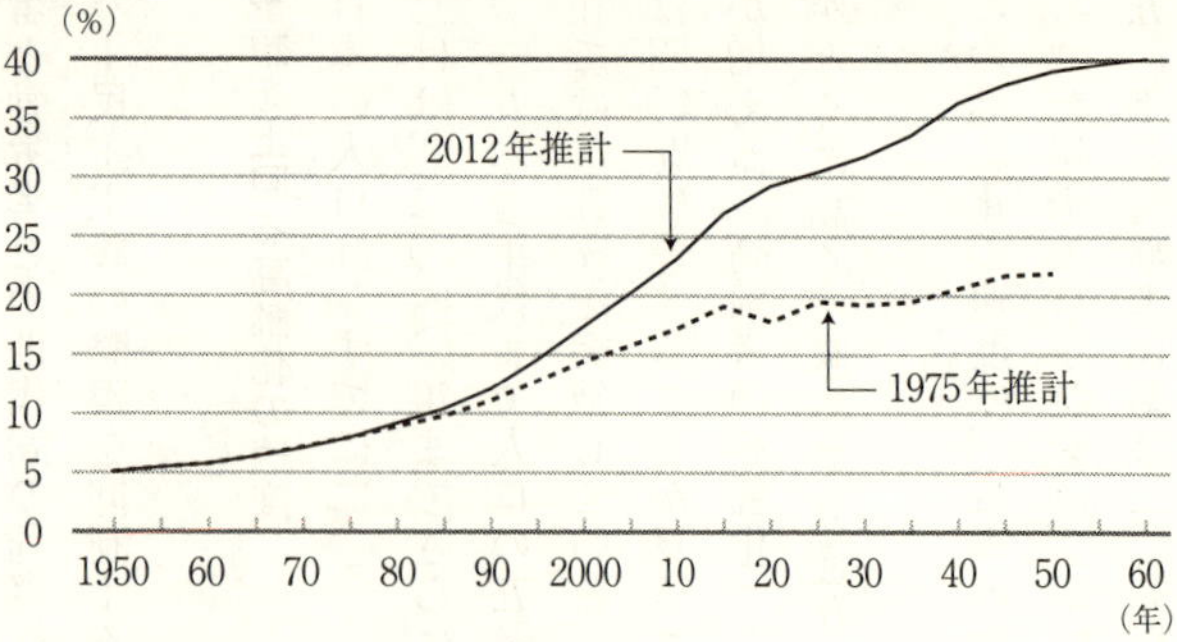

出所）国立社会保障・人口問題研究所

準とほぼ同じである（図表1－1）。こうした楽観的な人口予測は、その後、数回にわたって修正された。にもかかわらず、それに伴って必要とされた制度改革は、政治的な制約から十分に進まなかった。これが今日の社会保障と、それを通じた一般財政の危機をもたらした基本的な要因となっている。

六五歳以上の高齢者比率の高まりが当初の予測を大きく上回った原因には、出生率の持続的な低下で、分母となる人口数が減少したこともある。だが、その主因は分子となる高齢者の数が、平均余命の伸長で大幅に増えたことである。二〇一四年時点での平均寿命（ゼロ歳時の平均余命）は、男性八〇・五歳、女性八六・八歳と世界のトップクラスにある。しかも、六五歳時点での高齢者の平均余命はさらに長く、男女平均では八六歳を超える水準に達している。これは一九六〇年から二〇一〇年までの五〇年間に八・四歳も伸びており、最新の二〇一二年の将来人口予測では、今後の五〇年間でさらに三・五歳伸びて、九〇歳近くに達すると見込まれている。

長寿のパラドックス

高齢者の寿命が伸びることは、それ自体、望ましいことである。日本の平均寿命が世界でトップレベルにあることは、人々が健康で安全に過ごせるという意味で、日本社会の機能が優れていることを意味している。他方で、高齢者の増加がもたらす年金や医療・介護費用の増大は、国民の負担増で賄いきれず、膨大な借金を生み、財政問題をもたらしている。なぜ、個人にとって望ましい長寿化が、社会全体にとって深刻な問題になるのだろうか。これが高齢化社会のパラドックスである。

それは、人々が長生きをする社会になっているにもかかわらず、長寿化社会を支える大きな柱となる社会保障制度や雇用慣行が十分に対応していないためである。民間保険と比べて、政府が運営する社会保険では、加入者の保険料負担増や受給者の給付削減への反発が大きい。そして、それを口実として、改革を先送りする政治的な圧力がかかり、財政規律を維持しがたくなる。

背景には、かつて社会の少数者であった高齢者を暗黙のうちに保護してきた社会制度・慣行が、高齢者が増え続ける現在になっても、そのままの形で維持されたことがある。とくに一九九〇年代初めからの長期経済停滞の下で社会保険料収入が伸び悩む一方、高齢化により社会保障給付は増大し、社会保障収支の赤字は持続的に増えている。それにもかかわらず、「社会保障は聖域」という建て前で、必要な対策が講じられなかった。この統治機能の弱さから、日本の財政状況は欧米諸国と比べて際立って悪化している（第4章参照）。

日米の違い

こうした危機的な状況にあるにもかかわらず、必要な制度改革が進まないことの要因として、高齢者の増加が政治の意思決定に及ぼす影響の具体的なプロセスを見てみよう。日本のシルバー民主主義の実態については、①高齢者の政治的行動、②高齢者の政治的な影響力、③政治の側の高齢者重視への歯止め、の三つの観点に分けて考える必要がある。これらを日本と対照的な米国と比較しながら考えてみよう。

第一に、米国の研究では、人々の政治への参加は、一般に年齢が高まるとともに活動的となる傾向がある。とくに投票率では、性別や学歴の差にかかわらず、五五歳以上の投票率がもっとも高いという傾向が見られるが、日本でもほぼ同様の結果となっている。また、米国の研究では、政党支持などの政治的な立場は中年期から安定しており、年齢が高まると保守化するような傾向は見られないという（Archeley 1994）。

日米で大きく異なるのは、米国の政党の主張は、歳出の改革により減税を求める「小さな政府」志向の共和党と、増税で社会保障などの充実を目指す「大きな政府」志向の民主党、というように明確に分かれている。これに対して日本では、与党と主要な野党との間でのイデオロギーの差が明確ではない。そのため、いずれも高齢者の支持を得やすい社会保障費の拡大に向かいやすい。

第二に、高齢者が圧力団体などを通じて、自らの利益のために政治的影響力を及ぼすことについてである。この場合、医師会や弁護士団体など、共通の利害をもつ特定の専門的職種の団体と比べて、異なる地域や学歴など多様な背景をもつ人々が「共通の年齢層」という点だけで、固有の社会集団をどこまで形成できるかが大きなポイントとなる。

米国では、「全国高齢市民会議（National Council of Senior Citizens, NCSC）」や「全米退職者協会（American Association of Retired Persons, AARP）」などに代表される高齢者団体が、高齢者の利益を目的に積極的な活動を行ってきた。しかし、それにもかかわらず、高齢者団体の政治力よりも、既存の大きな政治力をもつ団体、例えば経営者団体や労働組合の内部で高齢者が大きな影響力をもつことがより重要となる。いわば「高齢者団体が大きな政治力をもつのではなく、大きな政治力をもつ団体の内部で高齢者の声が高まる」ということである。これが米国の公的年金（Social Security）や高齢者のための公的医療制度（Medicare）の形成に大きな役割を果たしたとされる。日本でも経済団体や労働組合の幹部だけでなく、政治家の間でも大臣や政党幹部の地位が当選回数で決まるなど、社会的な影響力をもつ団体の内部で高齢者が大きな力を有している。

第三に、政府や議会による歳出増加へのチェック機能の大きさである。一般に税財源の制約の下では、高齢者に対する政府支出の拡大は、子どもへの教育費など、他の年齢層への支出を圧迫する要因となる。米国の場合には、財政規律を重視し、「小さな政府」を志向する共和党の影響力が大きく、高齢者のための支出を増やすうえで大きな制約となってきた。

また、高齢者の生活にかかわる支出の多くは州政府の所管であることから、それらの拡大を目指す連邦政府の政策は、その内容自体よりも「州政府の自治への介入」として大きな反発を受けやすい。二〇一〇年の健康保険制度改革（オバマケア）は、先進国では常識となっている普遍的な国民皆保険を目指したものであったが、州政府による憲法違反の訴えが相次いだ。このことは米国に特有な州政府の自治意識の強さを反映している。

これに対して、独自の財政基盤が弱い日本の都道府県は、国からの補助金に大きく依存している。そのため、高齢者向けの歳出増加が、県民の税負担増に直接的には結びつかない。米国などの連邦制国家と異なり、日本は明治以来の中央集権行政の下で地方分権化が進んでいない。このことが、国の財政規律の緩みに対して、地方レベルでの歯止めがかからず、先進国のなかでもっとも財政赤字に寛容な国民政治を生み出すひとつの要因となっている。

高齢者の票が重くなるメカニズム

今後の高齢化を反映して、日本の「有権者に占める六〇歳以上の高齢者の比率」は、二〇一〇年の三八%から二〇五〇年には五二%と、過半数を占めるまでに高まると見込まれている。高齢者の政治力は、その人口比だけでなく、選挙での投票率の高さにより、いっそう強まっていく。三年ごとに規則的に実施される参議院選挙での年齢別の投票率は驚くほど安定しており、最近の六〇歳代の投票率は六八%と、二〇歳代の三三%の倍以上となっている(図表1-2)。もっとも八〇歳以上では四五%に低下する。年齢別の投票率が将来も不変と仮定すれば、「投票者に占める六〇歳以上の比率」は、二〇一〇年の四四%から二〇五〇年

図表1－2　参議院選挙投票率の推移

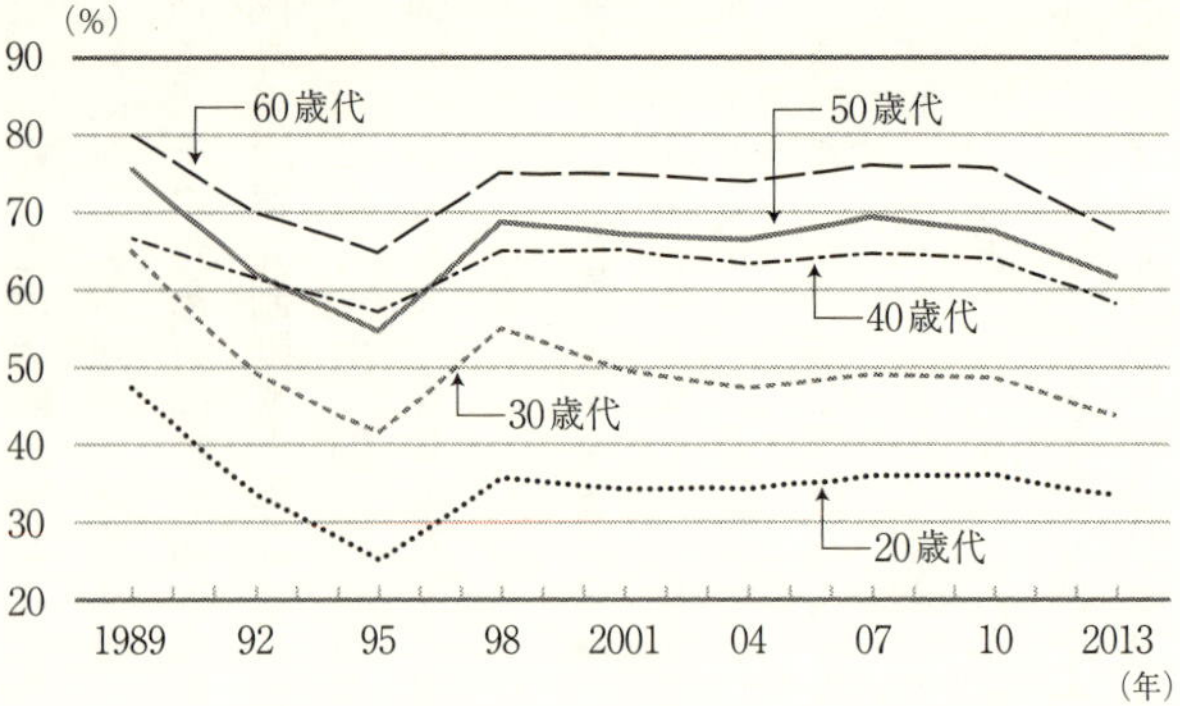

出所）明るい選挙推進協会（2013）

には五七％と過半数を超え、年齢中位数（人口を年齢順に並べた時に、その中央で人口を二等分する年齢）も同期間に五七歳から六五歳に達する（八代・島澤・豊田２０１２）。

高齢者の投票率が高い理由は、引退者が大部分を占める高齢者世代にとって、投票のために費やす時間コストが低いことや、長年住み続けている地域社会との結びつきが強いことが挙げられる。この傾向は、住民登録さえ行えば、市町村から投票券が自動的に郵送されてくる日本と異なり、事前に選挙登録が必要な米国ではより顕著である。地域間の流動性の高い勤労世代と比べ、高齢者世代は特定の地域への定着率が高いため、相対的に投票率が高くなるとされる（内田１９８６）。

また、政府部門を通じた年金や医療費の社会保障支出の変化が生活に密着している高齢者世代と、そのための税や社会保険料を給料から天引きされるだけの若年者世代との間で、政治への関心度の差が生じることも影響している。このことが、選挙での集票に左右される政治家の行動を通じて、高齢者への社会保障給付をいっそう増やすことに結びつくという悪循環をもたらしている。

地域別に見た「一票の格差」も間接的に、高齢者の政治力を高める要因として働いている。議席数に比べて有権者数の少ない過疎地域では、人口に占める高齢者の比率が相対的に高いためである。一票の格差は、二〇一五年の選挙制度改革で縮小したものの、依然衆議院で二・一倍、参議院で三倍の格差が残っている。都道府県別で一票の価値が最大の高知県では、有権者に占める六〇歳以上のシェアは四六％（三〇歳代以下は二四％）である。その半面、一票の価値が最小の東京都では六〇歳以上の比率は三三％で、二〇～三〇歳代の比率が三五％ともっとも高い。

大都市をもつ県から、中小都市の多い県への地方交付税交付金などを通じた所得移転は、地域間の所得再分配であるとともに、若年世代から高齢世代への間接的な所得移転という、「隠れた世代間格差」を生む要因となっている。これも、一票の格差と都道府県別の高齢者比率の差とがあいまっての結果である。

集住の時代へ

第二次安倍政権では、「地方創生」が大きな目標として掲げられている。今後の人口の急減や高齢化に対して、国だけでなく、各地域がそれぞれの特徴を活かした自律的な社会を創生することが求められる。地方と東京圏の経済格差の拡大により、若い世代が地方から流出し、出生率の低い東京圏へ一極集中していることが、日本全体の少子化に拍車をかけている、という基本認識の下、「東京一極集中の是正」が大きな目的となっている。

地方の活性化は長年の政策課題であり、一九六〇年代からの全国総合開発計画では、「地域の均衡ある発展」が大きな目標とされていた。そこでは公共投資を地方に重点的に配分して工場などを誘致し、地方の雇用機会を拡大することが目指された。また、これを補完するため、都市部での工場や大学の増加を防ぐ「工場等制限法」をはじめとした直接的な参入規制により、大都市への人口集中を政策的に抑制した。しかし、こうした保護貿易のような「地方の保護主義」が成功するはずはなく、過去の日本経済の基幹産業であった製造業の海外への移転が進むなかで、地方経済の衰退は避けられなかった。

今後の日本経済を支える新産業のひとつは、高度な情報通信技術（ICT）を活用した分野である。この分野は通信コストの低下を背景に、地方でも発展が可能とする見方もあるが、むしろ多様な分野の人材によるアイディアの交換が重要なため、人口集積の利点をもつ大都市の方が適している。

地方の高齢者の生活を守るために、「東京一極集中の是正」という名目で地域間の自然な人口移動を妨げることは、結果的に、地方都市にとってもプラスにはならない。また、シンガポールや香港などとの国際的な都市間競争で、東京が不利な立場に陥ることになり、日本経済全体の地盤沈下をもたらすリスクも大きい。

人口が持続的に増加した時代には、山林を切り開いて田畑とし、地域ごとに食糧増産を図る必要性が大きかった。また、当初は人口が少なくとも、地域の社会資本を整備し、製造業の工場を誘致することで、長期的には地域の生産活動と雇用を生み出し、定住人口を増やす可能性も少なくなかった。しかし、日本全体の人口が減少するなかで、少なくなる人口をさらに分散させる政策の合理性は乏しい。すでに勤労世代が移動し、高齢者だけが取り残されている、消滅可能性の高い自治体を財政的な支援で延命させることの効果も乏しい。むしろ、中山間地の農地の多くは、なるべく人手をかけずに治水効果の大きな自然林に戻す。そして人々は各地域の中核都市に固まって住むという「集住化」が円滑に進むように支援しなければば、地域経済は維持できない。

大都市圏でも同様である。高度成長期に若い家族が大量に移住した都市郊外の団地は、新規の人口が増えないなかで、既存の住民の高齢化が進み、高齢者世帯中心の「限界集落」化する場合も増えている。ここでも、医療や介護施設の充実した都市の中心部に移動するよう促す「コンパクト・シティー政策」が必要とされる。

しかし、現行の県や市町村単位の地方政治では、既存の住民の流出を防ぐための財政支援を求める声が目立つ。これは、「地域版シルバー民主主義」とも呼ぶべきものである。道州制など広域行政の視点から、地域の中核都市など集積の利益のある地域に移動する住民にも平等な財政支援を行うべきである。それにより、生まれ育った自治体にとどまるか、それとも近隣の住みやすい地域へと移動するか、住民の判断に中立的な支援を行う政策へと転換する時である。

大阪都構想をめぐる世代間対立

人口の大都市集中とともに、都道府県とその中核となる政令指定都市との二重行政が問題となっている。これはとくに大阪府に占める人口規模の大きい大阪市で顕著であった。そこ

図表1－3　60歳以上人口比率と「大阪都構想」賛成比率

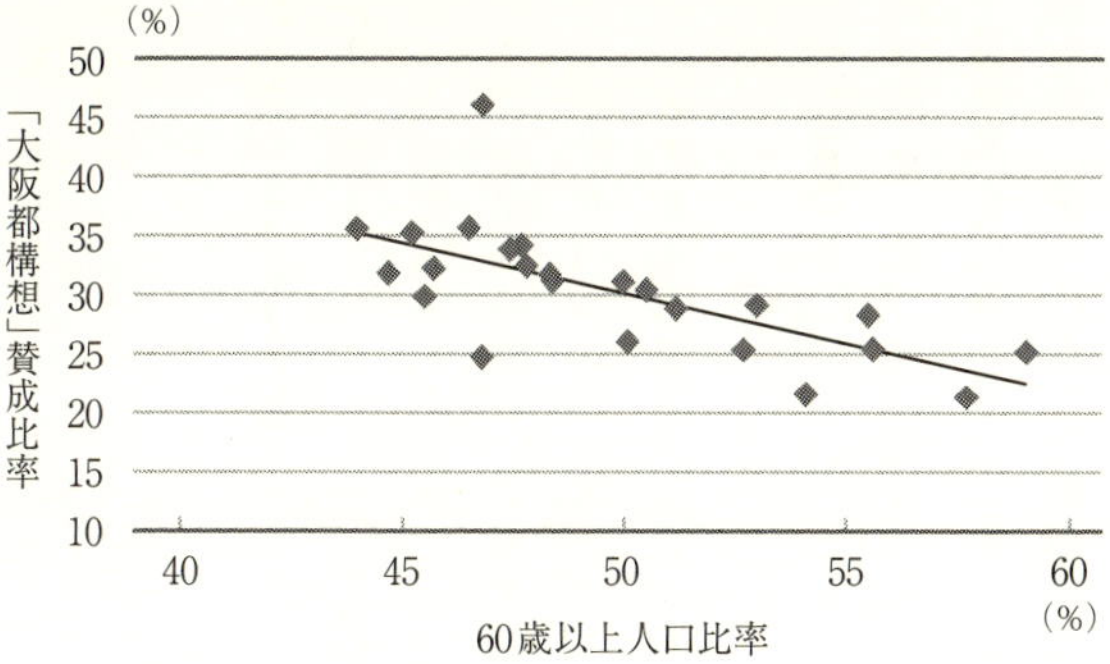

出所）大阪市選挙管理委員会（2015）

で二〇一五年五月に、従来の大阪市を廃止し、東京都と類似した形の「中核市並みの権限と財源をもつ特別区」を設置する大阪都構想について、「大阪市特別区設置住民投票」が実施された。主要な目的は、大阪府と大阪市との二重行政の弊害を改善し、広域行政を「大阪都」に一本化すること、また、大阪市の地域行政にかかわる部分を現行の二四区から五つの「特別区」に委《ゆだ》ねることで行政の効率化を目指すものであったが、結果的に僅差《きんさ》で否決された。

ここで注目されるのは、特別区に再編される現行の大阪市の二四区別に見た投票数のうち、大阪都構想に賛成する者の比率が、各区の高齢者人口比率と逆相関の関係にあることである（図表1－3）。現行の大阪市を通じた所得移転に依存する高齢者ほど、現行制度の改革に伴い生じ得るリスクを避ける保守的な傾向が見られた。これは、シルバー民主主義の特徴が、大阪都構想という単一の争点で明確に示されたものといえる。

納税者民主主義の危機

「民主主義というのは不思議な仕組み」（佐々木2007）といわれる。リンカーンは、「人民の、人民による、人民のための政治」といったが、「人民による政治」が、真に「人民にとって利益となる政治」となる保証はどこにもない。むしろ「賢人による政治」の方がはるかに効率的な行政が行えるはずである。しかし問題は、その「賢人」を誰がどう選ぶかのプロセスが不明確であり、仮に「賢人」でないリーダーにすべての決定を委ねることのリスクを考えれば、「人民による政治」の方がまだマシということに過ぎない。民主主義の下で、政治的な意思決定についての基本的な原則は多数決である。ここでは、多数決で示される政治的な決定に基づいた政治が行われることで、人々の多種多様な「民意」が尊重されるという、政治的な擬制が成立している（森2008）。

歴史的に民主政治は、世襲制などにより守られた特権をもつ国王や貴族の専制政治に対して、一方的に税負担を課される大多数の一般国民の意思を政治に反映させ、支配階級の浪費を抑制する仕組みとして発達した。「代表なくして課税なし」の納税者民主主義の原則は、今日でも政府を通じた所得移転の規模拡大で、国民や市民の税負担が際限なく高まることを防ぐための基本的なメカニズムとなっている。例えば一九七八年の米国カリフォルニア州での「納税者の反乱（tax revolt）」は、州の主たる税収である財産税の減税を求める住民運動であり、歳出を極力抑制する「小さな政府」の地方版のモデルとなった。この減税運動は他の州にも波及するとともに、当時のカリフォルニア州知事であり、後に米国大統領となったロナルド・レーガンのレーガノミックスにも取り入れられた。

納税者が団結することで、政府の持続的な歳出増加を通じた際限なき税負担の増加を防ぐことが、納税者民主主義の根幹にある。これに対して、高齢化の進展により、税や社会保険料で賄われる社会保障給付の受益者層が持続的に増加し、政治力を高めるシルバー民主主義は、この納税者民主主義の基本原則を脅かす。

有権者の投票意欲は、投票で生じ得る政治的な決定が個人の生活に直接影響を及ぼす度合いとも関連する。高齢者の「政治に期待するテーマ」のトップは社会保障の充実である。高齢者の人口増加と投票率の高さとの相乗効果から、現行制度の下での既得権に影響する社会保障制度の改革は、ますます困難なものとなっていくといえる。

これは、王や貴族の放漫財政のつけを負担させられる平民が、団結して対抗した欧州の歴史を起源とする民主主義が、もはや機能しなくなる危機でもある。こうした事態を、支配階級と平民との階級対立に代わる、高齢者と勤労者との新たな「世代間闘争（War between the generations）」と呼ぶ場合もある。

若年層の投票を増やす方法

人口の年齢構成が大きく変化する状況では、民主主義を支える選挙制度の重要性が高まってくる。人口全体に占める比率と比べて過大な高齢者の政治プレゼンスを改善する手段としては、以下のような提案がある。

第一は、若年層の投票を増やすインセンティブを高めることである。日本では二〇一六年の参議院選挙から、選挙権をもつ年齢が他の先進国並みの一八歳に引き下げられた。一八歳人口の半分以上は高校卒業後に就業し、税や社会保険料を負担しているし、今後も増え続ける社会保障負担の担い手でもあり、政治に参加する権利がある。他の多くの先進国にならって有権者に加えることは当然である。

また若年者のように、休日に投票所に行くことの機会費用が高い有権者のために、期日前投票制度の簡素化や投票時間の一八時から二〇時までの延長がなされている。このことは、とくに都市部で若年者を中心に投票率を上昇させる効果があったことが指摘されている（砂原2015）。これをさらに進め、若年層に利用者の多いインターネットを使った投票方式の採用など、有権者の利便性を高めることも今後の課題である。

もっとも、投票年齢を引き下げても、一八〜一九歳層の投票率が二〇〜二四歳層と大差ないもの（四〇％以下）とすれば、政治的な影響力は限られたものとなる。若年者の投票率の低さは、支持したい政党や候補者が少ないこととも結びついている。背景には、被選挙権者の年齢が、衆議院で二五歳、参議院で三〇歳と比較的高い年齢にとどまっており、一八歳に引き下げられた選挙権年齢とのギャップが大きいことがある。そうであれば、若年層の意見を代弁する候補者の不足を補うために、被選挙権者の年齢も引き下げることが、ひとつの対策となり得る。

第二に、有権者の年齢を問わず、投票を義務化することである。義務投票制度を採用している国のうち、スイス、ベルギー、オーストラリアなどは、棄権者に罰金を課したり、選挙権を制限するなどの罰則を設けている。これは政治的に無関心な層に対して、選挙での投票を機会に、政治にある程度の関心をもたせる「教育効果」を期待しているといえる。

しかし投票の権利と異なり、その義務化は、とくに支持する立候補者が皆無な場合、個人の「投票しない自由」の侵害となる。もっとも、最高裁判所裁判官への不信任投票のように、当選して欲しくない候補にマイナスの投票をする権利を与えるという提案もある。他方で、政治について明確な意思をもたない投票者が増えれば、知名度が高いだけのタレント議員が増えるなど、政治のポピュリズム化をいっそう進めるとの懸念もある。

世代別選挙区、ドメイン投票方式、余命比例投票

第三に、投票率の高い高齢者の政治力を何らかの形で抑制することである。まず、議会の議席数を世代別人口に応じて割り振る「世代別選挙区」の方式がある。具体的には、有権者を年齢階層別に、例えば二〇～三〇歳代を若年区、四〇～五〇歳代を中年区、六〇歳代以上を老年区に分け、それぞれの年代区から有権者数に比例した定数の議員を選ぶ仕組みである。この場合、老年区は有権者数が多いので議員数の配分が多くなるものの、その定数は人口比に応じて機械的に決められるため、世代別の投票率の差にかかわらず、有権者の年齢ごとの数に応じた政治力のバランスが維持される。この場合、とくに棄権率の高い若年世代では、他の同世代の投票者に委任することと実質的に同じ意味をもっており、政策決定に現役世代

の意向が今までより強く反映されることになる。

次に、投票権をもたない未成年者の票を親が代わりに投じる「ドメイン投票方式」がある。有権者の範囲を投票権のない未成年者全体に広げるとともに、その利益の判断を親が代理する仕組みである。子どもの有無によって、有権者の支持政党に大きな違いはないものの、重視する政策は大きく異なる。すなわち、子どものいる有権者は教育や子育て支援に関心がある半面、子どものいない有権者は年金や医療に関心がある。ドメイン投票方式によって、高齢者と子育て世代の政治に対する影響力のバランスが回復できるとともに、政党や政策の組み合わせに、各世代のニーズに応える多様性が生じることが期待される（青木２０１２）。

具体的には、現行の選挙制度を前提とする場合と、前述の世代別選挙区に「子ども区」を作ったうえで、そこに子どもの数に応じて親が投票するという提案もある。いずれの場合も、例えば子ども一人で親が二人の場合は父親、母親がそれぞれ自分の一票に加え、〇・五票ずつ分割して投票することになる。

これと同じ考え方として、平均余命が長い若年者ほど、それに比例して一票の価値を高める「余命比例投票」の提案もある（小黒・石田２０１２）。国政選挙が現在だけでなく、将来にわたる長期的な政策を決めるものである以上、その選挙結果の影響をもっとも受ける世代の票の価値を高めるべきという考え方に基づいている。高齢化が急速に進展する社会では、政治的意思決定の時間視野が次第に短くなっていき、政府投資を減らして社会保障移転を増やす傾向が強まるため、これを防ぐことに大きな目的がある。また、国の借金に依存してでも現在の社会保障給付の充実を求めて、自らは将来の負担を負わない、高齢者の「死に逃げ」を防ぐという意味をもっている。

具体的には、世代別選挙区制度と組み合わせて、それぞれの区ごとに、平均余命に応じて議席を配分する。この方法では、個々の年齢層ごとの個人の投票権の価値に差はあるものの、個人の生涯を通じた投票価値は（選挙制度の移行期を除いて）等しくなるため、長期的には一票の格差はなくなるという利点もある。

以上のような投票制度の改革案のうち、第一の被選挙権の改善は望ましく、また第二の義務投票化も検討の必要性はある。しかし、第三の高齢者の投票権を制限する複数の改革案については、共通した欠陥がある。それは「誰がネコの首に鈴をつけるか」という根本的な問題である。現在の高齢者の「一票の価値」を損ねる改革案に、高齢者が賛成する可能性は乏しい。高齢者も合意できるような改革案でなければ現実味は薄い。

孫世代に課す負担を知る

民主主義的な体制の下で、高齢者という特定の集団の選挙権を制限することを正当化することは容易ではない。そうした反民主主義的な手段によらず、高齢者世代の理解を得ることはできないだろうか。そもそもシルバー民主主義に対する政治学的なアプローチは、いずれも高齢者はこれまでの自己の生き方に執着し、自らの経済的な利益を追求する利己的な存在である、という前提に基づいている。だが、それは正しいだろうか。次のふたつの手法があると考える。

第一に、高齢者の利他的な動機に訴えることである。後の世代の利益を守る政治的な活動の例としては、例えば地球環境問題がある。現世代の豊かな生活を守るための化石燃料の使用が地球環境を悪化させることを理解すれば、人々はそれを防ぐためのコストを払う用意がある。化石燃料の消費で温室効果ガスを排出した結果、地球温暖化現象という負の遺産をもたらさないよう、国連を中心に一定の対応がとられている。地球温暖化を経済成長がもたらす害悪として非難し、ゼロ成長を目指す運動があるが、問題は経済成長自体ではなく、地球環境に及ぼす悪影響が現世代にとっての社会的なコストとして認識されないことが真の問題である。社会環境悪化のコストは、国際的な排出権取引や炭素税といった、市場機能を補完する最小限の介入で補うことができる。

これと同様に、シルバー民主主義についても、後の世代に負担を先送りしないという明確な制約条件を設け、その範囲内で、経済の効率性と整合的な形で、高齢者の利益となる政策を実現することは望ましい。高齢者に対する年齢差別的な制度・慣行の撤廃を求めた、米国の高齢者団体の運動は良い例である。

日本では、自分の子どもや孫のために高齢者は負担を惜しまない。そうであれば、今後増え続ける年金や医療のコスト増大が、孫世代に課す負担の大きさについて十分な情報が得られるならば、それをある程度まで抑制することへの合意は不可能ではない。そのためには、「二〇〇年安心年金」のような政府の誇大広告を撤回し、借金まみれの社会保障の現状について、政府が正しい情報提供を行うことが大きな前提となる（第4章）。

「不良債権」リスクを知る

もう一つの手段は、多大な国債発行を通じた世代間の所得移転のリスクの認識である。現行の社会保障財源の大部分は赤字国債の発行で賄われている。国債の信認性が揺らいで引き受け手がいなくなれば、借金ができなくなり、給付はその独自財源である社会保険料で賄われる範囲内に大幅に切り下げられる。公的年金の受給権は、高齢者にとって生活の支えとなる国に対する「債権」であるが、その実態は十分な裏付けとなる資産を欠く「不良債権」と化している。公的年金財政の危機的な状況を正しく認識すれば、老後の大事な資産を守るための妥協策を受け入れることが必要となる。

不良債権処理の標準的な手法は、債権の一部をカットすることで、残りの資産価値を確保することである。これは高齢者にとっては、現行の年金・医療給付の抑制を意味する。本来、国会の議決などの民主主義的なプロセスで行うべきものであるが、それが十分に機能しなければ、いずれ国債価格の暴落という「市場の規律」が働かざるを得ない（第4章）。

人口に占める高齢者比率が高まるなかで、社会保障支出の増加を、単に「高齢者に有利・若年者に不利」という世代間の利害対立の問題として矮小《わいしょう》化するべきではない。社会保障収支赤字の持続的な拡大と、それを賄う国債残高の累増は、いつまでも維持可能ではなく、いつか大幅な給付の削減が避けられない事態が生じる。こうしたリスクを正しく認識すれば、現行の社会制度・慣行を、高齢化社会に対応した仕組みへと改革することについて、世代間の利益を調和させる余地はあろう。

そのためには、現行の日本の社会保障の現状や、労働市場についての制度的な理解が重要となる。「難しい財政問題はお上に任せ、国民はひたすら自らの利益を要求さえすれば良い」という主張は、形を変えた官僚至上主義である。例えば、年金給付の抑制や、医療保険の患者負担率に関する高齢者の優遇措置の見直しに対して、単に「高齢者いじめ」とする批判は的外れである。むしろ、それらは高齢者自身のため、社会保障制度を持続させるために不可欠な改革である。このことが理解されれば、世代間の対立を協調に変えることができる。

欧米の高齢者団体

急速に進展する高齢化は、先進国の共通の課題である。米国や欧州では、高齢者の利益を代表する団体が大きな政治的影響力を有しているが、それにもかかわらず、公的年金の支給開始年齢の引き上げなど、高齢者の反発を受ける制度改正は着実に実行されている。

シルバー民主主義の下では、高齢者の利益を明示的に訴える政治的な圧力団体が生まれる。こうした高齢者の利益を代表する主要な団体との対話は重要となる。すでに見たように米国では、一九五八年に創設された「全米退職者協会」が、五〇歳以上の三六〇〇万人の会員をもっており、世界でも最大級の高齢者団体である。もっとも、こうした団体は、相対的に高所得層が加入している社会階層のバイアス（低所得層を包括していない）を有しているとされる。

また、「欧州高齢者プラットフォーム（European Older Peoples Platform）」は、二〇〇一年にNGO団体として設立された。欧州の国、地域レベルで活動を営む非営利の高齢者団体に開かれた組織である。いずれも、定年制の廃止など、高齢者への差別撤廃を掲げた運動で知られているが、各国の年金給付の引き上げなど、世代間対立を助長する政策への関与は避けている。

シルバー民主主義の克服は、長寿化が進む先進国に共通した課題である。税金や社会保険料を負担する多数者の合意なくして、増税に結びつく社会保障支出を拡大させないという「納税者民主主義」は、自らの負担額よりも社会保障からの受給額の方が多い高齢者の増加で脅かされている。

これに対して、高齢者の投票権を制限すべきという説が現実性を欠くとすれば、残された可能性は高齢者の納得を得ることである。第一に、現行の社会保障制度は、多くの高齢者の意図に反して、子どもや孫の世代に膨大な借金を残す仕組みとなっていることを伝えるべきである。第二に、「借金に依存した社会保障」には限界があり、近い将来に大幅な社会保障費が削減されるリスクを負っていることへの理解を得ることである。これを政治の場で明確に示すことができれば、日本の高齢者が近視眼的で、自らの利益しか眼中にないと考えている与野党の政治家へのアピールにもなる。

第2章　日本の高齢者は「弱者」なのか

もっとも格差の大きな年齢層

「シルバー民主主義」によれば、年金や医療などの社会保障給付が抑制されると、高齢者の生活が脅かされるという見方がある。たしかに一九七〇～八〇年代の高度成長期には、勤労世代の所得水準が急速に高まる一方で、高齢者は貧しい時代に蓄えた貯蓄や年金に依存し、低い生活水準にとどまっていた。そのため、世代間の所得格差の拡大を防ぐために、「豊かな勤労世代の負担で、貧しい高齢者の生活を支える」社会保障制度を通じた所得移転は公平性に見合うものであった。

しかし一九九〇年代以降、経済成長が大幅に減速するなかで、勤労世代、とくに若年者の賃金は長らく伸び悩んでいる。その一方で、平均的な年金加入年数の長期化（年金の成熟化）により平均給付水準が上昇し、高度経済成長期に財産を蓄えた団塊の世代が引退期を迎えているなかで、もはや高齢者は一律に貧しい存在とはいえない時代となっている。

高齢者の生活水準を、その平均値だけで見ることは妥当ではない。六〇歳以上の高齢者層は、もっとも所得格差が大きな年齢層であり、豊かな高齢者と貧しい高齢者とが共存している。こうしたなかで、公的年金などを通じて勤労世代から高齢者層への画一的な所得移転は、人口の高齢化で拡大している。こうした状況をシルバー民主主義により今後も堅持することは、社会的に公平とはいえない。なぜなら、低所得層の高齢者の救済を名目として、実質的には中流以上の高齢者の所得を増やすもので、所得再分配政策としてはきわめて非効率的だからである。むしろ、貧しい高齢者を同世代の豊かな高齢者が支える「高齢者世代内の所得再分配」に重点を置くことが、高齢化社会にふさわしい所得移転のあり方となる。

所得と資産

高齢者世帯の所得分布を世帯全体と比較すると、高所得層も存在しているものの、低所得

図表2－1　高齢者世帯の所得分布

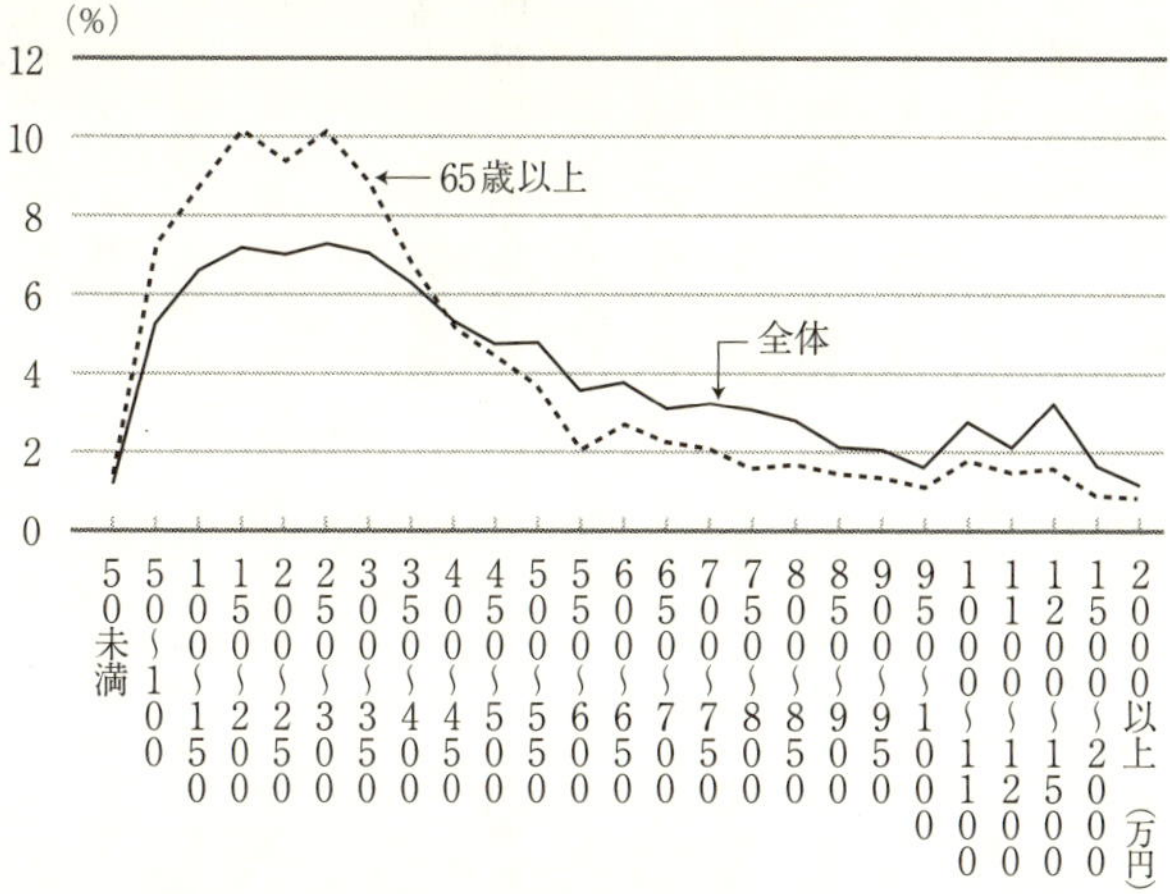

出所）厚生労働省「国民生活基礎調査」(2013)

層に大きく偏っていることが分かる。ただし、所得格差の程度がとくに大きい場合には、その平均値（三〇一万円）ではなく、中央値（真ん中の階層。二四一万円）で見ることが望ましい（図表2－1）。

また、高齢者世帯については、所得と資産保有額が必ずしも対応していないことに注意が必要である。このことは、「年金等を受給している二人以上の世帯」について見ると顕著となる。年金受給世帯のうち、もっとも所得の低い二〇〇万円以下の世帯の金融資産と住宅資産の保有額の分布を見ると、年金受給世帯平均と比べて共に資産保有額の少ない世帯に偏ってはいる。しかし、それでも二五％の世帯が一二〇〇万円以上の金融資産を、三六％の世帯が一五〇〇万円以上の住宅資産を保有しているのである。このように所得だけでなく資産面も考慮すれば、高齢者は一律に「弱者」とはいえない。とくに高齢者の比率が急速に高まる今後の社会では、所得水準の差を考慮せずに高齢者一般を対象とした所得再分配政策を進めることは、社会的なコストを高めるばかりといえる。

高齢者の相対的貧困

所得格差の指標としては、「相対的貧困」の概念が用いられる場合が多い。栄養不足をもたらすような「絶対的な貧困」ではなく、社会の平均的な所得水準と比べた場合の貧困であり、各国の所得水準により大きく異なる。具体的には、「所得統計上の中央値の半分以下の所得層」が全体に占める比率で定義される。正規分布であれば中央値は平均値と一致するが、家計所得は低所得層に偏った分布をする場合が多く、中央値は平均値よりも低くなる。所得分布が下の階層に偏っているほど、ギャップは大きくなり、中央値の半分以下の面積も大きくなることで、相対的な貧困率が高くなる。

阿部（2015）は、年齢別・男女別の相対的貧困率を比較している。「等価可処分所得（税・社会保険料を除いた世帯所得を、世帯人数の違いで調整したもの）」で見た世帯の所得水準の中央値は、ひとり暮らし世帯では二四四万円となる。つまり、その半分の一二二万円以下が貧困者と定義される。住宅や食費などの共通部分を考慮して、二人世帯で見れば一七〇万円以下、三人世帯では二一〇万円以下が貧困者と定義される。この結果、単身世帯は貧困者に分類されやすく、とくに七〇歳代の単身女性では約半分が相対的貧困者に分類される。

日本では、男性に比べて女性の平均余命が約五歳（六五歳時点、二〇一三年）長く、平均結婚年齢は二・二歳若い。そのため、夫が死亡してから平均七・二年間も、妻が単身で生活することになる。その意味で、高齢化社会は男性よりも女性にとって、より大きな問題となっている。

潤沢な資産と低い運用能力

内閣府の「高齢社会白書」（二〇一四年版）によれば、「暮らし向きに心配ない」と感じる高齢者は約七割と高い率を占めている。

家計の生活水準を示すもっとも包括的な統計であり、五年に一度公表される「全国消費実態調査」をもとに、働き盛りの四〇歳代世帯と高齢者世帯の経済状況を比較してみよう（図表2-2）。六〇歳代の年間収入は働き盛り世代の八割に過ぎないが、一人当たり消費額で

図表２－２　年齢階級別世帯の経済状況（2014年）

	40歳代	50歳代	60歳代	70歳以上
世帯人員（人）	3.68	3.26	2.67	2.36
年間収入（万円）	731	848	606	462
月間消費支出（万円）	31	36	29.4	24.1
一人当たり（万円）	8.4	11.0	11.0	10.2
貯蓄高（万円）	930	1592	2133	2072
持ち家率（%）	75	86	92	91
住宅ローン保有率（%）	52	40	16	7

注）二人以上の世帯。年齢は世帯主のもの。住宅ローンのみ1999年調査
出所）総務省「全国消費実態調査」（2014）

は三割増と逆転していることが分かる。六〇歳代が子育てを終えた後だからだろう。また六〇歳代の持ち家率は九二％と高く、住宅ローンの返済もほとんど終わっており、資産価値も高い。貯蓄高も四〇歳代の二・三倍に及ぶ。

平均的な高齢者世帯は、見かけの所得水準の低さにもかかわらず、必ずしも貧しくなく、ストック面では、むしろ働き盛り世帯よりも余裕がある。また、七〇歳以上の世帯は、勤労時に蓄えた潤沢な家計資産を徐々に引き出して生活しており、所得だけを基準にして生活水準を比較することは妥当ではない。

欧米の高齢者世帯と比べた日本の特徴は、高齢者の保有する資産の構成が、著しく住宅に偏っていることである。日本の高齢者は平均して所得の九倍もの住宅資産を有しており、これは欧米の高齢者の三倍程度に相当する（図表２－３）。このため一億円以上の資産価値のある住宅に住みながら、年収三〇〇万円以下の世帯も七％存在する（OECD 2001）。これは、子どもが

図表2－3　退職後高齢者の「所得と比べた資産保有高」

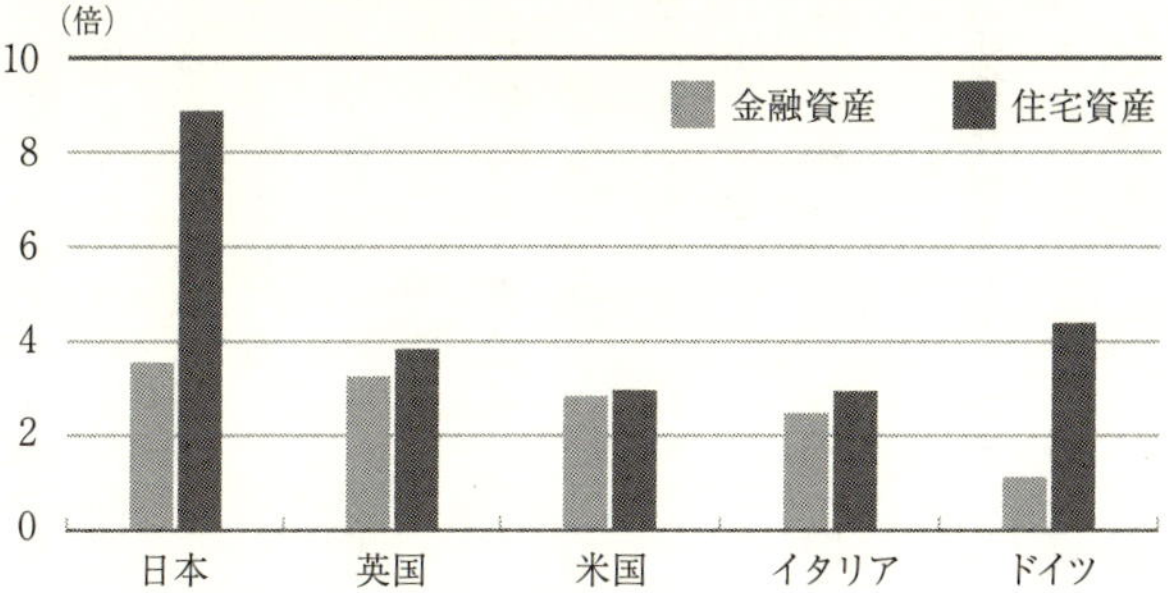

出所）OECD, *Ageing and Income*, 2001

育った後も、高齢者だけで資産価値の高い大きな住宅を保有し続けている結果でもある。米国の高齢者のように、引退すれば小さな住宅に住み替え、元の大きな住宅との差額を金融資産にして、少しずつ取り崩せば、より豊かな生活を送れるはずである。

住み替えが進まない理由は、固定資産税の低さや譲渡所得税の高さなどの税制要因もあるが、他方で「自宅は子どもが受け継ぐ家族の財産」という発想による面も考えられる。しかし、今後、労働の流動性が高まる社会ではミスマッチが大きい。また、人口が減少する社会では、地価下落のリスクもある。さらに、全国的に空き家問題が深刻化する要因ともなる。住宅の固定資産税の引き上げと譲渡所得税の引き下げなど、住宅の流動化を促す政策は、高齢者の生活水準の向上にとってもプラスとなり、推進すべきである。

日本の家計保有の金融資産は、所得比では英国や米国とほぼ同じ水準にある。しかし、現金や預金など、流動性が高く、平均的な利回りの低い資産に極端に偏っているため、利子・配当などの財産収入が乏しいことが大きな特徴である。具体的には、金融資産の五三％が低金利の預貯金で占められており、有価証券の比率は一七％に過ぎない（日本銀行２０１５）。家計の金融資産のうち、預貯金の占める比率が一四％に過ぎない米国や、三四％のユーロ圏との大きな違いである。

この傾向は、高齢者世帯でとくに大きく、二〇一四年の高齢者世帯の金融資産（平均二四九九万円）の六五％を預貯金が占めている。日本の高齢者の資産運用力の低さは、その資産水準にかかわらず、高齢者の生活水準を低めているひとつの大きな要因となっている。高齢者の住宅や金融資産が有効に活用されることは、自らの生活水準を高めるだけでなく、社会全体の資産ストックの効率性を高め、経済成長にも貢献する。

低所得高齢者救済を名目にしない

日本の平均的な所得格差は、徐々に高まっている。この主たる要因は、俗にいわれているような規制緩和による市場競争の高まりや資本蓄積の結果ではなく、人口の高齢化である

図表２－４　年齢階級別ジニ係数の推移

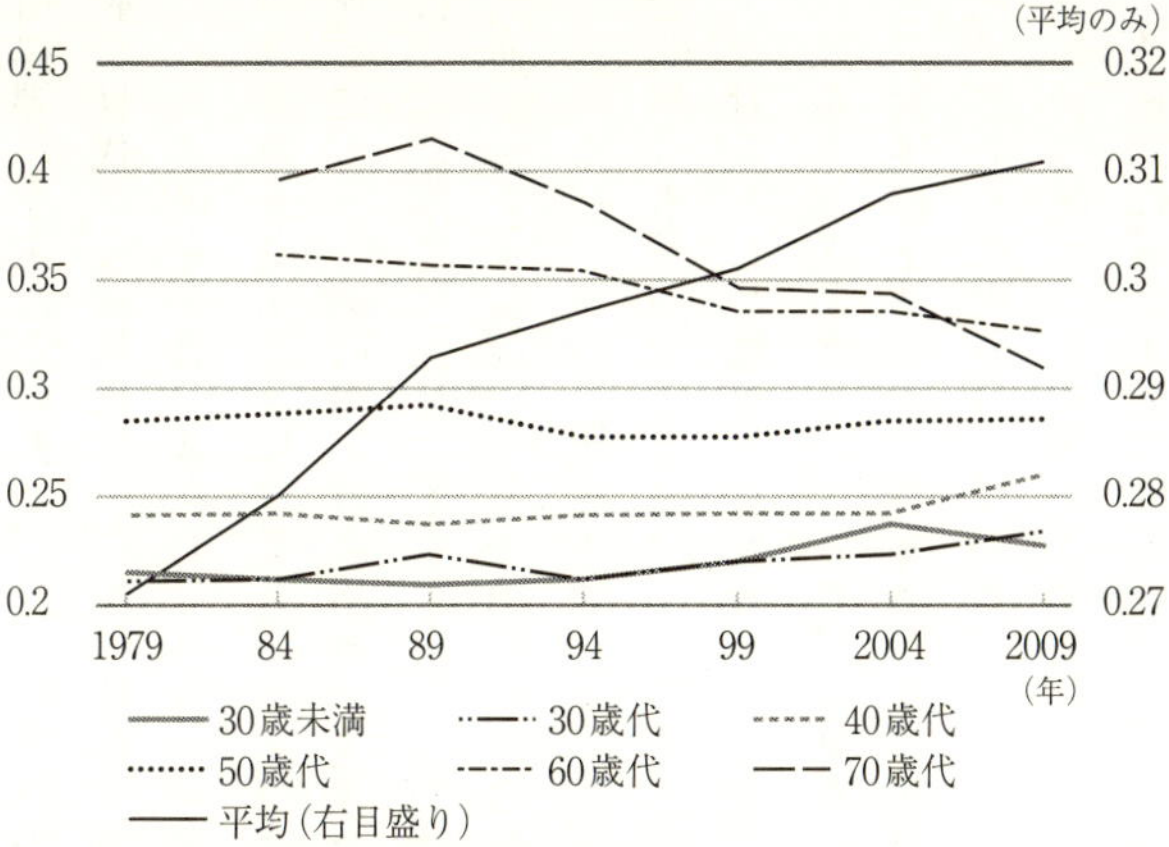

出所）総務省「全国消費実態調査」(2009)

（大竹２００５）。所得格差の推移を世帯主の年齢別で見ると、ほぼ横ばいで推移している。それにもかかわらず、全体で見た所得格差が上昇を続けている理由は、所得格差の大きな高年齢層の人口全体に占める比率が高まっているという、年齢構成の変化が大きい（図表２－４）。

この「大竹理論」の意味は、「日本の所得格差の高まりは、人口の高齢化から生じる見かけ上の現象」というだけではない。日本全体の所得格差拡大の主因が、高齢者世代の比重の高まりなら、その世代内部での所得再配分を強化することが、格差是正に効果的な政策となる。そのためには、年金所得課税の強化がもっとも有効である。豊かな高齢者の年金所得課税を主たる財源として、同世代の貧しい高齢者の生活水準を改善できれば、それだけ勤労世代から高齢世代への所得移転を抑制でき、世代間格差の是正に貢献できる(第6章)。

シルバー民主主義の基本的な特徴のひとつは、低所得高齢者の救済を名目に、勤労世代からの所得移転をできる限り拡大させようとすることにある。しかし高齢者層は、他の年齢層と比べてもっとも所得・資産格差の大きな集団であり、「高齢者が一律に貧しい」という見方は、「高齢者は一律に豊か」という認識と同様に誤っている。高齢者間の大きな所得格差を共通認識とすれば、「低年金受給者の生活を守るため、年金給付の平均水準を引き上げる」という、シルバー民主主義を正当化する最大の前提が崩れる。

公的年金水準の引き上げは、高齢者世代内での所得格差の是正に有効ではない。サラリーマンを対象とした厚生年金保険が、「勤労時の高所得者ほど、引退後も多くの年金を受け取る」仕組みであるからだ。これは「従前生活水準の保障」という名目で、現役世代の賃金格差を引退後の生活にまで持ち込むことを意味し、政府が自ら高齢者層内の所得格差を意図的に拡大させる仕組みなのである。

低所得高齢者への政策が不要ということではない。それには、対象者の年齢にとらわれない、普遍的な最低生活保障の改善が必要である。それが確保されていれば、低所得の高齢者層だけに注目し、「高齢者は死ねというのか」というような感情的なスローガンで、実質的には中流以上の高齢者の既得権を守ろうとする、一部の政党の主張に対抗できる。

格差の要因

高齢者層の所得・資産格差が際立って大きい理由は何だろうか。長期にわたる職業生活を通じた熟練度の差が賃金格差を生むことや、定年退職後のセカンド・キャリアの差、および勤労時の賃金格差に比例した厚生年金給付など、多種多様な要因による。

第一に、企業別に分断された日本の労働市場では、同一労働・同一賃金の欧米労働市場と比べて、年齢が高まるほど賃金の格差が広がる。この格差は、年功賃金カーブの勾配《こうばい》の差に大きく依存するため、大企業と中小企業、大学卒と高校卒、職種や性別の差、および正社員と非正社員の賃金格差は、いずれも二〇歳代で小さく、五〇歳代で最大になる。また、企業間での賃金格差だけでなく、同一企業内での分散の度合いも勤続年数とともに拡大する。大企業の大部分が堅持している六〇歳定年制の後の雇用継続制度や、系列先企業への再就職の場合にも、定年前の賃金水準の差は影響しており、退職金の受取額にも波及する。

第二に、定年退職後の就業期間の長さである。六〇歳の定年退職後も働き続けて賃金収入のある高齢者と、年金だけで生活する高齢者の所得差は大きい。このため、年齢にかかわらず働き続けられる自営業の働き方が、高齢者には有利となる。またサラリーマンの場合でも、特定の企業にこだわらない普遍的な技能をもっていることや、それを活かせる健康状態が重要となる。もっとも、定年退職後は引退生活を楽しむ選択肢もあり、勤労時と同じ基準で、高齢者の所得格差を一律に望ましくないと判断することは妥当ではない。

第三に、高賃金の職場を長く続けるほど金融資産の蓄積も大きくなり、財産所得の差にも結びつく。個人資産だけでなく、サラリーマンの公的年金である厚生年金にも妥当する。その報酬比例部分は、在職中の賃金に比例した保険料を負担し、それに見合った給付額を受け取れる、いわば高賃金者ほど高年金給付が約束される仕組みである。これは年金制度の発足当初の積立方式であれば何の問題もなかったが、事実上の賦課方式に移行した現行の年金保険では、高所得層ほど後の世代から多くの移転を受け取れることになる。年金制度自体に、所得格差を拡大させる要因が内在している（第5章参照）。

このように、高齢者層内部の所得格差は、自助努力による面だけでなく、日本の雇用慣行や、それと補完的な公的年金における「従前生活の保障」という論理にも基づいている。高齢者が相対的に希少であった時代に作られた制度・慣行を、高齢社会にふさわしいものへと改革するためには、高齢者層に重点を置いた所得再分配が必要となる。その場合に、単に貧しい老人への公的支援を重視するだけでなく、その負担を豊かな老人も担う「同一世代内の所得移転」が大きなカギとなる。

リスクとしての「下流老人」

藤田孝典の『下流老人』（2015）は、多くの高齢者の生活水準が、生活保護基準以下にまで低下するおそれがあるとして、大きな反響を呼んだ。この著書のなかで、すでに六〇〇万～七〇〇万人の下流老人が存在するとしているが、これは二〇一〇年の六五歳以上人口の二一～二四％に相当する。もっとも、「国民生活実態調査」（二〇一三年）では、六五歳以上の高齢者世帯のうち二七％が、貧困ラインとされている年間二〇〇万円以下の所得水準にあることが示されており、これ自体は新しい指摘ではない。同書のユニークな点は、勤労時には普通の生活水準であり、十分に引退生活に備えられたはずの一般の高齢者の生活水準が急速に下流化する、生活上の具体的なリスクを示した点にある。

高齢者の主要な収入源は公的年金であるが、これだけで生活を支えることができる人はむしろ少数派である。公的年金は「保険」であり、多くの給付を得るためには、それに見合った多額の保険料を負担する必要がある点で、民間保険の原則と基本的に変わらない。したがって、公的年金だけで老後の生活費のすべてを賄える水準を保障するには、現行の保険料を大幅に引き上げる必要がある（第5章参照）。

また、高齢になってから大きな病気や事故に見舞われれば、治療費の負担だけでなく、就労できなくなり、老後の生活を支えるために想定していた賃金収入を失うことにもなる。長年、住宅ローンを負担して得た住宅を売却して金融資産に換えようとしても、高度成長期と異なり人口減少期には、その経済価値が低下している危険性も大きい。さらに、成人した子どもの扶養を際限なく続けなければならない場合や、熟年離婚で家族の財産が分割されるなどの家庭問題が生じれば、安定した老後の生活は維持できない。老後生活を不安定にする、多様なリスクに対して、公的年金だけで対応できるわけではない。

子どもの貧困こそ深刻

もっとも、高齢者の貧困率は、年金の成熟化（年金受給者に占める満額受給者比率の高まり）などから最近では低下している。それにもかかわらず高齢者の貧困が社会的に大きな関心事となるのは、高齢者全体の人口増加により、そのうちの貧困者の数も増えているからである。

図表２－５　高齢者向け、子ども等家族向け社会保障費用の比較

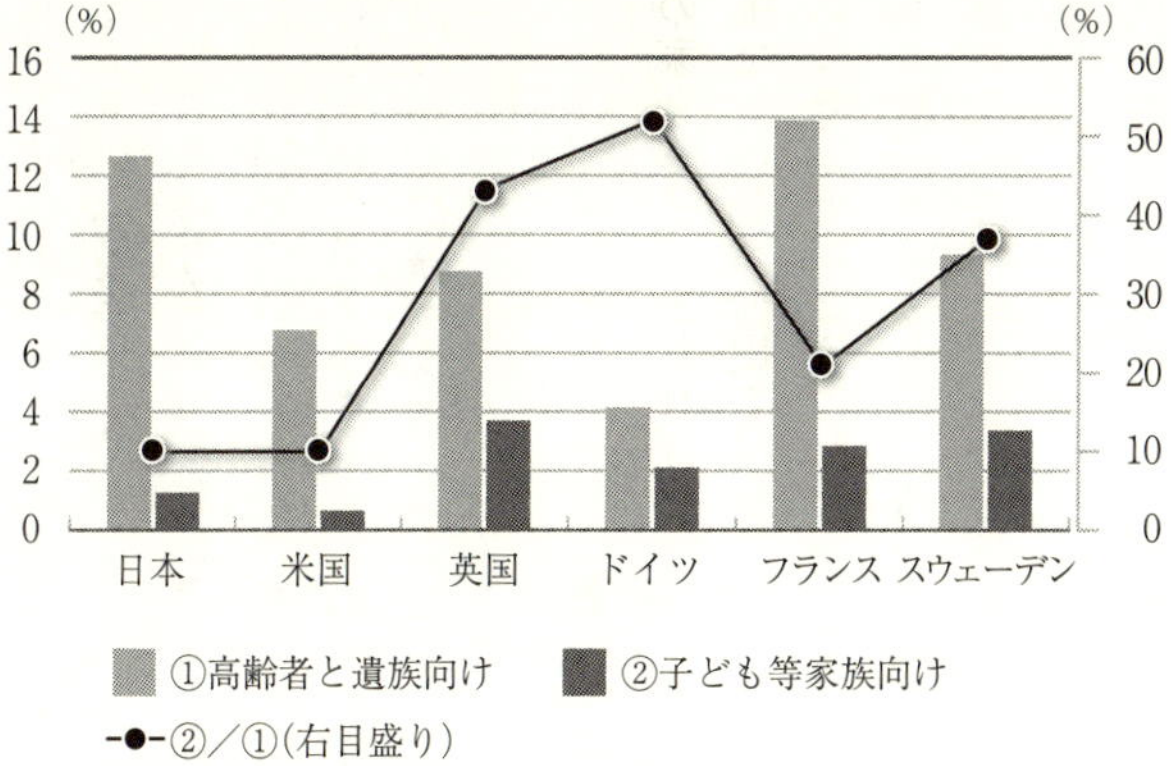

出所）国立社会保障・人口問題研究所（2015）

これが、年金水準の抑制に反対する政治的な圧力と結びついている可能性が大きい。

これは、子ども（五歳未満）の貧困率の高まりにもかかわらず、子ども全体の人口が減少しているため、目立たないことと対照的である（阿部２００８）。子どもの貧困は、その親である働き手世代の低所得化の結果であり、世代を超えた貧困の再生産をもたらすなど、社会的な影響はむしろ高齢者の貧困よりも深刻である。

このため、「子どもの貧困対策法」が二〇一三年に制定されたものの、そのための予算措置は限られたものとなっている。日本の社会保障費用のうち、高齢者向けがＧＤＰの一三％を占めるのに対して、子どもなど家族のための給付は一％強に過ぎない（国立社会保障・人口問題研

究所2015)。米国と並んで低い比率であり、二割から五割を占めている欧州主要国との格差は大きい(図表2-5)。

高齢者への社会保障移転が著しく高い要因は、年金や医療・介護などの社会保険が、大きな比重を占めていることがある。これらは独自の保険料財源をもつことで、一般財源にのみ依存している子どもや家族への給付を圧倒している。これに対抗するためには、「子育てのための社会保険」を創設すればよいというのが、ひとつの論理的な帰結となる(八代・鈴木・白石2006)。

これは、現行の介護保険の被保険者が四〇歳以上となっていることを活用し、二〇~三九歳層を対象とした、まったく同じ枠組みの社会保険(「育児保険」)とするものである。育児保険は、高齢者介護と同様に、子育てを家族の負担だけでなく、広く社会全体でシェアするという考え方である。したがって、保険給付の対象は、両親が働く家族だけでなく、子どもをもつ家族全体として、専業主婦にも一定の範囲で保育サービスを提供する。介護保険が要介護者だけでなく、その介護を担う家族の負担を軽減することを目的とするのと同じ考え方である。

現行の保育政策は、認可保育所の空きを待っている全国で二万~三万人程度の待機児童数の削減を政策目標とする点で、根本的に誤っている。これでは認可保育所の定員が増えるほど、これまで諦《あきら》めていた家族の申し込み数が増え、いつまでたっても待機児童は解消しない。本来の政策目標は、「潜在的な保育ニーズ」を満たすことであり、これは五歳以下の六三〇万人が対象となる。このためには、介護保険と同様に、対等な条件の下で民間企業の市場参入を前提とした、供給力の大幅な増加を目指す必要がある。そのためには、子育てのための独自の財源を賄う社会保険が必要となる。

育児保険には、以下のような反論が予想される。第一に、子どもをもたない単身者などの負担増への合意が得られるかという点である。これについては、少子化が進む社会では、子どもは高齢者の生活の基礎となる賦課方式の年金制度を支えるとともに、活発な経済活動を維持するための社会的な公共財であるといえる。

第二に、子どもをもつかどうかは家族の判断であり、疾病や要介護状態になるリスクをカバーする社会保険にはなじまない。子育ての費用を国が負担すると、そうした保険を乱用するモラルハザードが生じるという批判である。これに対しては、育児保険は人々に活用してもらうことが目的であり、それ自体が少子化対策となるという稀有《けう》な社会保険といえる。ただ、子どものための費用を親が浪費しないよう、現物給付に限定するといった制約は必要となろう。

介護保険と異なり、育児保険給付の対象は五歳以下の児童に限定される。また保育所は通所施設で、特別養護老人ホームのような高コストの介護施設と比べて、かかる費用は少ない。現行のように一部の「保育に欠ける子」を対象とした福祉としての保育所を、育児保険を用いて、家族の働き方の違いにかかわらず、誰もが応分の価格を支払えば利用できるサービス産業へ転換する。これが高齢者に偏った現行の社会保障制度を改革する第一歩となる。

生活保護制度の改革

低所得層を対象とした生活保護制度は、シルバー民主主義では無視されることが多い。日本の生活保護法は、「健康で文化的な最低限度の生活を保障するとともに、自立を助長すること」(憲法第二五条)を目的としている。生活保護制度は、現行の社会保障制度などでは対応できない、あらゆる生活上のリスクに備えた、国による「広義の保険」である。国民の義務である年金保険料を支払っていなかったなど、本人に責任がある場合にも、対象から排除されない「究極のセイフティーネット」の役割を果たすものといえる。

それにもかかわらず、低所得の高齢者の生活を保障する手段として、生活保護制度は十分に機能していない。個人の所得や資産に関する審査を必要とする生活保護制度は、プライバシーに反するという考えがある。そのため、年金など他の制度を用いて、生活保護に陥らないよう防止する「保護から保険へ」の思想が、社会保障関係者の間に、根強く存在している。

生活保護費の水準は、住む地域や家族の構成員数、年齢などの基準で定められる。例えば、二〇一五年度の高齢者夫婦世帯（六八歳と六五歳）では、東京都区部（一級地）で月額一一万九二〇〇円、また地方郡部などでは九万六三三〇円と、大きな地域差がある。この他に、必要に応じて住宅扶助や医療扶助などが加えられる。生活保護を受けている世帯は全国で一六〇万となっており、そのうちの半分弱が高齢者世帯である（厚生労働省、二〇一四年）。また最近増えている「（母子、障害者以外の）その他世帯」も、その半数が五〇歳以上の高齢者予備軍となっている。生活保護費の内訳では、医療扶助費が四七％を占めており、生活扶助費（三五％）、住宅扶助費（一六％）がこれに次いでいる（二〇一四年）。

現在の生活保護制度は、戦後の一九四六年に制定されてから大きな改革はなされておらず、経済社会環境の変化に対応していない。このため、以下のような抜本的な改革が必要とされる。

第一は、伝統的な家族の扶養義務の範囲の見直しである。民法を基準にした三親等の範囲の家族の扶養義務は現実的ではなく、親戚《しんせき》に迷惑をかけないために生活保護を申請しないという抑止効果を生んでいる。この規定は、現実の行政面では、厳格に適用されていない場合も多いが、行政の裁量が働くため、地域間の不公平を生んでいる。この見直しは、民法自体を改正する必要があるために困難という指摘があるが、家族に関する幅広い法律関係を扱う民法とは別に、生活保護法での扶養義務の範囲を、例えば親子関係に限定するなど、特別の規定を設ければよいはずである。

第二に、現行の医療扶助費の医療保険化である。生活保護費のうち、約半分を占めているのが医療扶助であり、「各種健康保険などでも保障されない者に対する最後の砦《とりで》として、自己負担なしに必要な医療を公費で受けられる」仕組みである。具体的には、福祉事務所が受給者に対して医療券・調剤券を発行し、指定した医療機関で受診できる。しかし、医療機関は出来高払いの診療報酬制度の下にあり、生活保護受給者には、通常の被保険者のように患者の自己負担分がない。そのため、受診側だけでなく診療側にも、過剰医療を引き起こすインセンティブが発生する。

健康状態の差を考慮する必要はあるものの、国民健康保険と比較すると、平均的な入院期間が長いこともあり、生活保護者の一人当たり医療費（三〇歳代の患者）は、外来で二・七倍、入院で五・三倍となっている（事業仕分け論点シート）。福祉事務所に医療の必要性についての判断能力はないため、被保護者から請求されるまま支給している可能性が大きい。介護保険の場合と同様に、被保護者を国民健康保険に加入させ、その保険料などを医療扶助として別途給付する仕組みに置き替えれば、市町村が保険者として過剰診療の有無を判断できる。

第三に、高齢者層を就労可能年齢層から分離することである。これまで生活保護の受給資格審査に関しては、被保護者の年齢にかかわらず、画一的な基準が用いられていた。しかし、高齢者などの就労困難者については、より簡素な基準を適用することが望ましい。それにより、就労可能年齢層の就労支援に重点を置くことが可能となる。

これは就労可能年齢の被保護者に対しては、就業して一定の賃金を得た場合に、それに比例した補助金を公費でマッチングさせることで、働く意欲を高められる。米国の生活保護制度と共通した仕組みである。働いて一定額の所得を得ると、ほぼ同額に近い保護費が削減される日本の生活保護制度は、働くインセンティブを著しく喪失させる仕組みである。生活保護制度を、高齢者にとっては利用しやすい最低生活保障に、それ以外の年齢層には自立を促す本来のセイフティーネット制度へ、転換を目指す必要がある。

日本の人口が長期的に減少するなかで、高齢者人口だけは増え続けており、社会的な影響力は高まっている。社会保障の充実で高齢者の貧困率は低下しているものの、人口が大きく膨らむことで貧困者数は逆に増え続け、「下流老人」への関心が高まっている。その半面、高度成長期に財産を蓄えた高齢者も少なくない。高所得と低所得の高齢者が共存していることが、日本の高齢者層の大きな特徴である。

今必要なのは、低所得高齢者の生活保障を、同世代の豊かな高齢者の負担で賄うこと、そして高齢者に偏った社会保障給付を、増えつつある子どもの貧困の解消と、子育てをする家族の支援へと重点を移す必要がある。そのために、介護保険と同様に子育てのための独自の財源を保障する「育児保険」の設立が求められている。

第3章　高齢化社会の新しい家族のあり方

家族の変貌

有権者に占める高齢者の比率の高まりは、政府支出の拡大を通じた税・社会保険料負担の増加を防ぐ納税者民主主義に対する脅威となるだけではない。経済社会環境が急速に変化しているにもかかわらず、過去の働き方や生活様式を守ろうと「現状維持」を重視する高齢者が人口の多数を占めることで、社会の停滞をもたらす危険性がある。とくに世代間の考え方が大きく異なる家族制度のあり方について、伝統的な立場に固執する高齢者の意向が過大に反映されるリスクが大きい。

終戦直後の日本の就業構造では、農業や小売業を中心とした自営業が過半数を占めていた。これは家族を生産活動の基本的な単位として、親の所有する土地や資本と子どもの労働力とが結合したファミリービジネスであり、家の継承が最優先事項とされた。この自営業を中心として、日本は先進国のなかでは親子の同居率が高く、家族の結びつきが強い構造となっていた。

また、その後、産業構造の変化と高成長経済の下で急増したサラリーマン家族では、夫は仕事、妻は家事・子育てという家族内の役割分担が主体であった。これを「標準的な家族」と見なして、企業の配偶者手当や所得税の配偶者控除、および社会保険の被扶養者制度が形成された。また、高齢者の扶養も家族の役割とされ、子ども家族と同居する高齢者について、老年者扶養控除が設けられている。

しかし、人口の地域間移動の増加や、生活水準の高まりを背景に、親子の同居率が次第に低下し、また女性の社会進出が進むことで、伝統的な家族の機能が変化している。それに対して、高齢者世代の家族についての考え方は伝統踏襲型であり、三世代家族の復活を目指すための補助金を制度化するような政治的な動きも見られる。他方で世界的に普及している夫婦別姓選択制や、次第に認知されつつある社会的マイノリティー（LGBT〔性的少数者〕など）についての許容度は日本の高齢者では小さい。高齢者層の持続的な増加は、新しい家族の仕組みを形成するための制度改革に対する抵抗勢力となっており、それに反発する若年世代との摩擦を生んでいる。こうした「社会的変化への抵抗」もシルバー民主主義のひとつの現れである。

親子同居率の低下

高齢者に関する家族形態の大きな変化は、親子が同居する家族数の減少である。日本では六五歳以上の高齢者が子どもと同居する比率は低下傾向にあり、一九八〇年の六〇％から二〇一四年では三三％（うち、子ども夫婦との同居率は一三％）となっている。夫婦だけで生活する高齢者が増えているだけでなく、配偶者との死別や離別などによる単独世帯も急速に増加し、二五％に達している（図表3－1）。

親子の同居には多くの利点がある。第一に、家族内での所得再配分である。実は、所得の少ない高齢者ほど、子どもが世帯主の家族に吸収され、世帯主を基準とした年齢別の統計から消えてしまう。このため、独立した世帯主として調査対象となる高齢者は、相対的に豊かな階層に属している場合が多い。この「統計的バイアス（sample selection bias）」が、日本で

図表3-1　65歳以上の家族形態

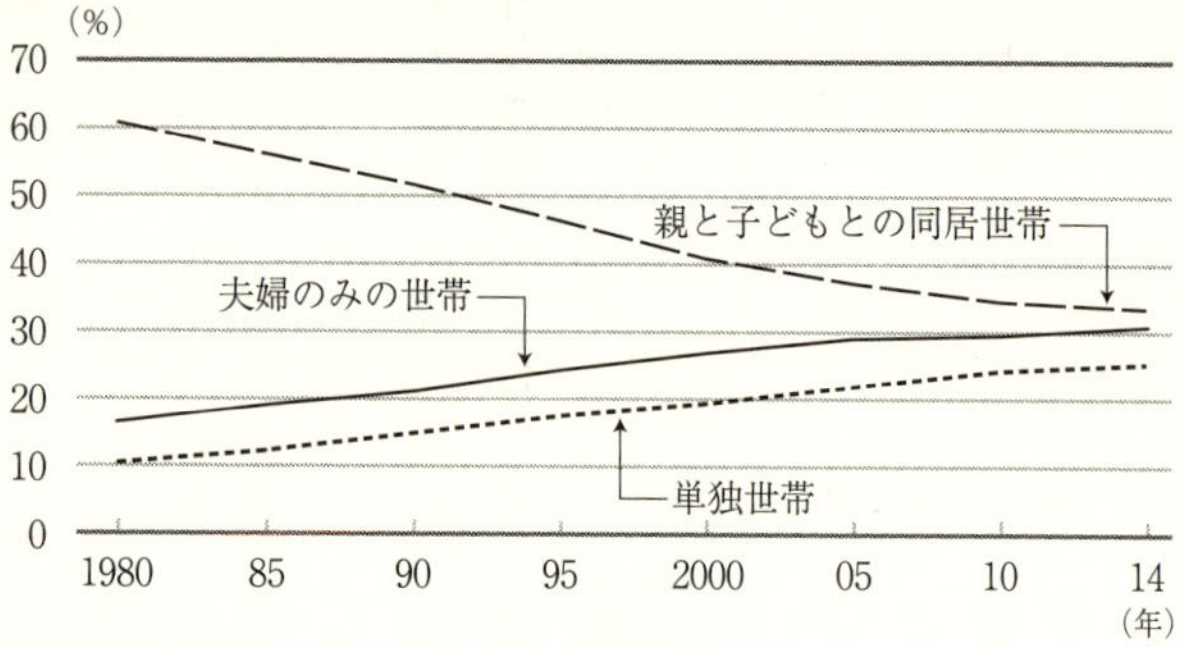

出所）厚生労働省「国民生活基礎調査」(2014)

はとくに大きい。所得水準を世帯単位で計測する以上、やむを得ないことであるが、それだけ日本では家族内での所得移転メカニズムが、他の先進国よりも機能してきた証拠といえる。

第二に、高齢者の生活上のリスクのカバーである。高齢者が独立して生活する場合には、年金だけでなく、定年退職後も別の仕事を続けながら、その賃金収入と合わせて従来の生活水準を維持している場合が多い。このプランが狂う大きな要因として健康の悪化がある。高齢者の疾病は、賃金所得を失うだけでなく、入院などの費用が嵩《かさ》むことで、それまでの貯蓄を大幅に取り崩さざるを得なくなる。こうした場合の安全弁となるのが、家族による生活保障である。高齢者にとって子ども世帯との同居は、住宅費などの基本的な生活費の軽減をもたらすだけでなく、健康状態の悪化が早期に発見されやすい環境を作り出す。この家族の機能が低下し、低所得の一人暮らし高齢者が欧米諸国並みに増加しているために、日本でも高齢者の貧困問題が顕在化している。

第三に、住宅資産の親から子どもへの継承である。同居する子ども家族が親を経済的に扶養することは、将来の遺産相続の対価であるという暗黙の契約に基づいている。しかし、都市への人口移動が進んで親子同居率が低下し、親世代が死亡した後の住宅に子ども世代が入居しなくなってしまっている。このことは、全国的な空き家数の増加にも反映されている。他方で、都市部の子どもの持ち家に高齢者が同居する場合もある。その際には、孫に対しての子育て支援というサービス提供が、高齢者の大きな役割となる。しかし孫が成長した後、高齢者の体力が衰え介護が必要となれば、今度は子どもが一方的に高齢者を扶養する関係になってしまう。

親子同居にはメリットがあるにもかかわらず、減少傾向にあるのはなぜだろうか。親子が同居して家計を共にすることは、住宅スペースの制約以外にも大きなコストをもたらす場合が多い。貧しかった時代の価値観を残す親の世代と、豊かな社会に育った子ども世代とが家計を共有すれば、さまざまな摩擦が生じることは避けられない。現在では平均的な家族の生活の一部となっているミネラルウォーターやペットフードの購入に、抵抗感をもつ高齢者も少ない。

このため、高齢者の経済力が乏しいか、介護が必要な場合でなければ、都市部における親子同居へのニーズは、高齢者にとっても小さくなる。現に、所得水準の高い高齢者ほど親子同居率が低いという関係が見られる。また同じ敷地内に住んでいても、家計はまったく別で、かつ親子のプライバシーが確保できる二世帯住宅（準同居）の形態が増えているという結果でも示される。

従来は三世代家族に守られてきた単身世帯の高齢者が、親子同居率の低下で、独立の世帯として顕在化することは、見かけ上の高齢者間の所得格差をさらに広げる要因となる。しかし、それは経済社会環境が変化して、高齢者の所得水準が向上し、個々の世代のプライバシーを尊重するようになったことの反映でもある。

高齢者の離婚問題

「下流老人」に陥る要因のひとつとして、高齢者間での離婚率の高まりが挙げられる。もともと日本の離婚率は先進国では低く、その大部分は結婚初期の段階であった。一九七〇年でも、婚姻期間五年未満が全体の五〇％強で、二〇年以上は五％（五〇〇〇件）に過ぎなかった。これが二〇一三年になると、婚姻期間五年未満は三二％に減った一方、二〇年以上は一六％（三万八〇〇〇件）へと大きく増えている。

専業主婦が大部分を占めていた日本の家庭では、夫は仕事、妻は家事・子育てという家庭内の役割分担が確立していた。しかし夫が定年退職すると、終日自宅にいるようになる。この家庭環境の大きな変化が離婚につながる面も大きいと見られる。これは夫婦間の過度の分業を暗黙の前提とした日本的雇用慣行の負の側面が、高齢化社会で顕在化している面もある。高齢者が貧困に陥るから離婚を防ぐべきというよりも、むしろ離婚しても貧困に陥らないためにはどうすれば良いかを考える必要がある。

現行制度では専業主婦世帯でも、基礎年金はすでに分割されているが、厚生年金の報酬比例部分は世帯主に帰属している。報酬比例部分も分割すべきという意見に対しては、分割は離婚を助長するという批判がある。しかし現行制度では経済的な理由で離婚に踏み切れない女性が多いとすれば、より大きな問題である。そもそも勤労時から夫婦共働きで、経済的にも対等な関係に近ければ、引退しても自身の年金に頼ることで大きな変化はなく、生活費の使い方などをめぐる摩擦が避けられるのではないだろうか。

高齢者の離婚の増加は、親子関係と夫婦関係の違いはあれ、親子同居率の低下と共通した面が少なくない。高齢者の所得水準や高齢女性の経済的地位が低かった時代には、子ども夫婦や夫の経済力に依存する度合いが大きかった。しかし、経済的な制約の下で、個人のプライバシーを犠牲にした同居生活は、世帯単位の統計には現れないものの、問題自体がなくなるとはいえない。それは、いわば企業が過剰雇用を抱え込むことで、見かけの失業率が低く抑制されている状況と似ている。むしろ家族の生活保障機能に大きく依存しなくても、高齢者の生活が安定するような、個人を単位とした年金制度の仕組みを形成することが政府の大きな役割である。

選択的夫婦別姓への誤解

他の先進国ではほとんど問題になっていないにもかかわらず、日本でだけ長年論争が続いている家族の問題のひとつに、夫婦の姓（氏）の統一を法律で強制する「夫婦同姓（氏）」の原則がある。これは暗黙のうちに、夫婦がひとつの経済社会活動の単位であり、それを公に示すことが社会的に望ましいという前提に基づいている。しかし女性の社会進出が進むとともに、多くの場合に結婚で姓を変更することになる女性が、とくに結婚前の姓で公的な資格をもっている場合などに不都合が生じる。これに対して、夫婦が希望すれば、それぞれの結婚前の姓を戸籍上も維持できる夫婦別姓選択制の導入が長らく検討されてきたものの先には進んでいない。二〇一五年には、夫婦別姓選択の禁止を憲法違反とする訴えに対して、最高裁判所は反対多数で退けた。

この規制は、「夫婦は、婚姻の際に定めるところに従い、夫又は妻の氏を称する」（民法第七五〇条）と「戸籍は、市町村の区域内に本籍を定める一の夫婦及びこれと氏を同じくする子ごとに、これを編製する」（戸籍法第六条）からなっている。これに対して法制審議会は「民法の一部を改正する法律案」（一九九六年）で、民法第七五〇条に、「夫婦が各自の婚姻前の氏を称する旨の定めをするときは、夫婦は、婚姻の際に、夫又は妻の氏を子が称する氏として定めなければならないものとする」を加える案を示したものの、いまだ国会で審議すら始まっていない。

世論調査では賛否が分かれており、二〇一二年の内閣府世論調査では、①「婚姻をする以上、夫婦は必ず同じ名字（姓）を名乗るべきであり、現在の法律を改める必要はない」と答えた者が三六・四％に対して、②「夫婦が婚姻前の名字（姓）を名乗ることを希望している場合には、夫婦がそれぞれ婚姻前の名字（姓）を名乗ることができるように法律を改めてもかまわない」と答えた者の割合が三五・五％と、ほぼ同水準になっている。この他、③「夫

図表3－2　夫婦別姓選択への法律改正に対する賛否

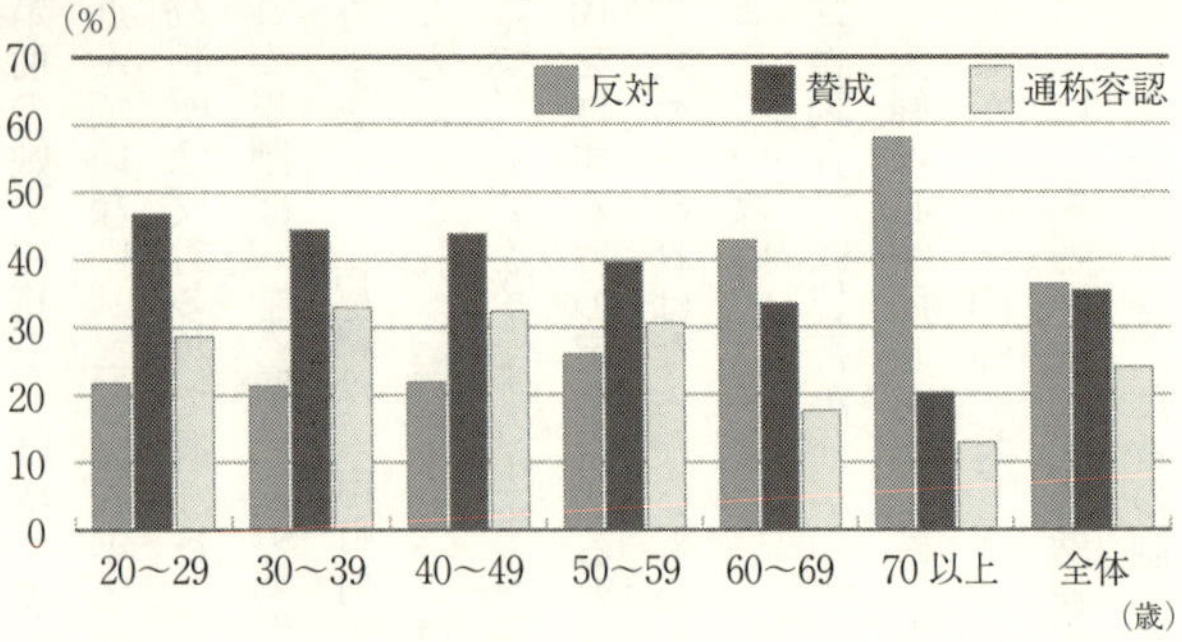

出所）内閣府「世論調査」（2012）

婦が婚姻前の名字（姓）を名乗ることを希望していても、夫婦は必ず同じ名字（姓）を名乗るべきだが、婚姻によって名字（姓）を改めた人が婚姻前の名字（姓）を通称としてどこでも使えるように法律を改めることについては、かまわない」が二四%であった（図表3－2）。

この回答について男女差は小さい半面、年齢別では大きな差があった。すなわち五九歳以下では②選択的夫婦別姓への賛成者や③通称の容認が多数なのに対して、六〇歳以上では圧倒的に①の反対者が多数であり、シルバー民主主義の傾向が明確に示されている。

この問題については、「夫婦別姓」と「夫婦別姓選択」の違いがよく理解されず、法律を改正すれば、すべての夫婦に別姓が強制されるかのように誤解されている可能性がある。むしろ質問を「現行通りに夫婦の氏はいずれかに統一することが原則であるが、あえて希望する者には例外的に別姓も認める」とすることが誤解を避けるうえで望ましい。なぜならこの問題は、結婚すれば同姓になることを望んでいる大部分の夫婦にとっては、現状と何ら変わらないからである。結婚後も別姓を望んでいる一部の夫婦に対して、あえて同姓になることを強制している家族法の規制を緩和するかしないかが真の争点である。

この規制の根拠としては、①別姓では家族の一体感が弱まる、②いずれかの親と子どもとの姓が異なること、などが挙げられている。しかし、夫婦の一体感や子どもの幸せを判断するのに、当事者の夫婦ではなく、なぜ国や他人が干渉しなければならないのか。また男女を問わず、これから結婚する当事者である若年層が賛成多数にもかかわらず、すでに結婚している者が大部分の、いわば直接の利害関係にない高齢者層の反対で規制緩和を止めてよいのだろうか。

夫婦別姓選択を、日本の伝統的な家族制度に挑戦する一部の女性の問題と見なすことは正しくない。なぜなら、少子化がさらに進む今後の日本では、後継者なく断絶する家系が増えるというリスクが高まっているからである。この場合に、夫婦別姓を活用すれば、二人以上の子どもそれぞれに夫婦の実家を継がせ家系を守るという選択肢も可能となる。もっともこのためには、法制審議会案のように、すべての子どもの姓名を統一しなければならないという規制も外す必要がある。このように夫婦別姓選択は、イエ制度への反対者と賛成者のいずれにとってもメリットがある改革といえる。

同性婚と緩やかなパートナーシップ

現在の先進国では、男性同士、女性同士で結婚する「同性婚(同性間のパートナーシップ)」を、新しい家族の形態として法的に容認するか否かが大きな社会問題となっている。電通総研の二〇一二年の調査では、日本でもLGBTはおよそ二〇人に一人と、もはや「少数者」とはいえない水準となっている。米国は同性婚を認める州と認めない州とに分かれていたが、二〇一五年に連邦最高裁が同性婚を禁止する州法は憲法に違反するとの判決を下してこの問題を決着させた。日本でも東京都渋谷区が全国で初めて同性カップルを「結婚に相当する関係」と認め、証明書を発行する条例を成立させている。家族でなければ、アパートの入居や病院での面会を認められない場合があるためで、こうした不利益をなくすための公的な書類が求められていた。

この問題についての政府の世論調査はまだ行われていないものの、毎日新聞社が二〇一五年三月に実施した全国世論調査（回答者一〇一八人）では、「賛成」が四四％で「反対」の三九％をやや上回った。賛成派は女性五〇％、男性三八％と男女で差が生じているが、それ以上に年齢による差の方が大きい。男女合計での反対派は、三〇歳代の二六％から年齢が上がるとともに増え、七〇歳以上では六〇％に達している。夫婦別姓選択と類似したパターンであり、結婚に類似した法的な関係を望む一部のカップルの生き方に、大多数の無関係な他人がなぜ干渉しなければならないかという「規制の必要性」が問われている。

また、同性間のパートナーシップならよいが、これを通常の結婚と同格の「同性婚」とすることへの異論もある。こうした批判に対しては、この仕組みを性的マイノリティーに限定せず、異性間も含めたパートナーシップ制度として認知するという考え方もある。

この例としては、フランスで一九九九年に成立したPacte civil de solidarité（ＰＡＣＳ）がある。ＰＡＣＳとは、性別に関係なく成年に達した二人の個人の間で、安定した持続的共同生活を営むために交わされる連帯市民協約であり、事実上、結婚に類似した財産の相続などの法的な関係が保証される。協議離婚が認められないなど婚姻法の規制が厳しいフランスで、より緩やかな形の婚姻関係が求められたもので、二〇一三年には一六万九〇〇〇件と正式な婚姻件数の七割にまで増えている。また男女のカップルの同居が増えることに伴って出生率

図表3－3　PACSとフランスの出生率の推移

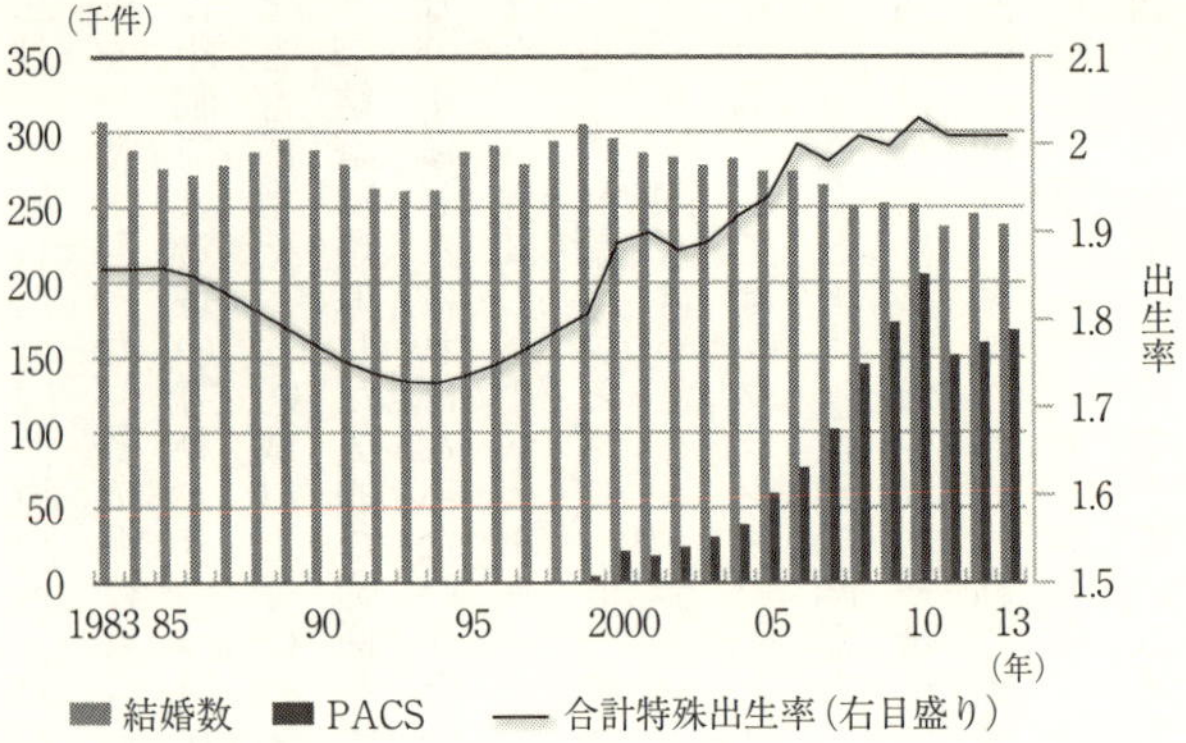

出所）INSEI（2013）

も回復を見せている（図表3－3）。正式な婚姻制度と事実上の内縁関係との中間的な仕組みを法的に設けることは、同性間・異性間を問わず、高齢化社会の選択肢を広げることに役立つ。

高齢単身者と多様な家族関係

すでに見たように、一人暮らしの高齢者が高齢者全体に占める比率は、一九八〇年の女性一一・二％、男性四・三％から、二〇一三年のそれぞれ二〇・三％、一一・一％に倍増している。このうち、一人暮らしの高齢女性の生活水準は、夫との死別か離別かで大きく異なる。死別では、多くの場合、生命保険金も含めて女性が夫婦の財産を継承できるのに対して、離別の場合には、資産の細分化により生活が不安定となる。いずれの場合でも、女性に多い単身高齢者には、家庭内の事故や孤独死などのリスクが大きく、高齢化社会の大きな問題となっている。

さまざまな理由から家族と一緒に生活しないことを選択した単身高齢者にとって、同様な環境にある血縁関係のない同性・異性との共同生活はひとつの選択肢である。しかし、正式な婚姻関係は、当人だけでなく家族同士の結びつきとなるため、家族に反対される可能性も大きい。その意味で、ＰＡＣＳのようなパートナーシップ契約により、限定した範囲での相続を含む契約を結んでおくことは、高齢者の生活状況を改善させるためのひとつの選択肢となる。

伝統的な社会慣習や制度を昔の形のまま画一的に維持するのではなく、経済社会環境の変化に対応した多様な形を容認する必要がある。しかし、とくに家族制度について、高齢者層があらゆる変化に対して反発するシルバー民主主義の下では、多様性を求める若年層との対立を生むだけである。本章で説明したように、家族のあり方が大きく変化するなかで、夫婦別姓選択やパートナーシップ制など、伝統的な家族に代わる多様な選択肢を設けることは、高齢者にとっても有利となる場合が少なくない。

高齢者が人口の四割を占める社会は、五％に過ぎなかった時期と比べて、ライフスタイルの変化は避けがたい。高齢者層には、自分たちは伝統的な生活様式を守る一方で、後の世代には、多様な家族のあり方を容認する寛容の精神が必要となろう。

第4章　借金まみれの社会保障の改革

改革の究極の課題とは

シルバー民主主義がもたらしている最大の問題が、公的年金を代表とする社会保障である。本章では、高齢者の生活保障の柱となる社会保障財政の現状と、必要な改革の方向について考える。日本の公的年金は、高い経済成長のもと、多くの勤労世代が少ない高齢者を支えるピラミッド型の人口構成の時代に設立された。年金制度を支える前提条件が大きく変化したにもかかわらず、制度の抜本的な改革がなされず、その結果、後の世代に大きな負担を先送りしているのが現状である。これは他の先進国にもある程度共通する問題であるが、高齢化のスピードがとくに速い日本では、環境変化への対応の遅さがいっそう際立っている。

現行の社会保障には、ふたつの世代間格差の要因が並列している。第一に、少子高齢化が急速に進む下での賦課方式という最悪の組み合わせから、後の世代へと先送りされる簿外債務の増大と世代間格差の拡大である。第二に、現在の高齢者への給付の財源が税金・社会保険料だけでは賄えず、後の世代の負担となる大幅な債務残高が累積していることである。この二重の意味での後の世代への負担の先送りは、人口に占める高齢者の比率が五〜一〇%台の時代に形成された年金や医療・介護制度が、高齢者比率が二〇%を超えた現在にも、そのままの形で維持されていることによる面が大きい。このうち、前者の世代間格差の問題は第5章に委ね、ここではより目に見える形で問われている、借金に依存した日本の社会保障の持続可能性について検討する。

増税して社会保障を充実させる「大きな政府」か、社会保障費を抑制して税負担を軽減する「小さな政府」か、という論争はどの国でも行われている。しかし、増税にも社会保障の抑制にも反対という、無責任な政党によるシルバー民主主義が溢《あふ》れているのが日本の現状である。その当然の結果として、大幅な財政赤字が持続し、公債残高のGDP比率が欧米諸国の倍以上の二〇〇%水準を超えて、さらに高まる傾向にある。

それではシルバー民主主義の下で、どうすれば改革が可能になるのだろうか。今後、高齢者比率が二〇六〇年には四〇%となることが予測されているなかで、政治がいつまでも動かなければ、いずれ日本国債への信頼性が低下する「市場の規律」が働かざるを得ない。これまで社会保障費の膨張を支えてきた国債の引き受け手が減れば国債金利が高まり、財政赤字の増加を通じてさらなる国債発行が必要となる。こうした悪循環に陥れば、結果的に社会保障給付が一挙に大幅な削減を強いられる。つまり、高齢者自身も含めた国民全体が大きなリスクを背負っているということだ。

現行の社会保障制度に内在する大きなリスクを高齢者層が十分に理解すれば、シルバー民主主義を克服して、必要な制度改革に踏み込むことができる。必要な改革とは、社会保障費の構成を、肥大化する社会保障給付支出の抑制と、真に支援を必要としている低所得層への直接的な移転に重点をおく「所得分配の効率化」である。後の世代からの所得移転を抑制し、もっとも所得格差の大きな高齢者層内部の所得再分配を強化することが、社会保障改革の究極の課題である。

借金に依存した社会保障

年金や医療・介護保険給付は、高齢者人口の増加で持続的に拡大しており、その傾向は今後さらに強まることが見込まれる。しかし、その費用を主として賄う社会保険料は、一九九〇年代以降の長期デフレの下での賃金の停滞を反映して、ほとんど伸びていない。このため社会保障費の支出と収入とのギャップは年々拡大している。この差額は、国の一般会計からの補助金である社会保障関係費で賄われているが、一般会計の主たる財源である所得税や法人税収も、やはり低成長の下では伸び悩んでいる。結局、社会保障収支の赤字幅は、社会保障関係費の増加を通じて、その赤字を賄う国債の発行額にほぼ見合っている（図表4－1）。この「借金に依存した社会保障」という状況が、長期間にわたって放置されているのが日本の財政の現状である。

本来、国債は社会資本の財源として用いられる建設国債に限定されることが、財政法で規定されている。社会保障費のような個人の消費に向かう支出を賄うことは、例外的にしか認められない特例（赤字）国債である。家庭でいえば、住宅を購入するためのローンは、資産に見合っている健全な借金だが、消費のためのローンは不健全なことと同様である。政府の消費者ローンが累積し、二〇一五年でGDPの二三〇％と、一〇〇％程度の欧米主要国と比

図表４－１　社会保障給付費と負担、赤字

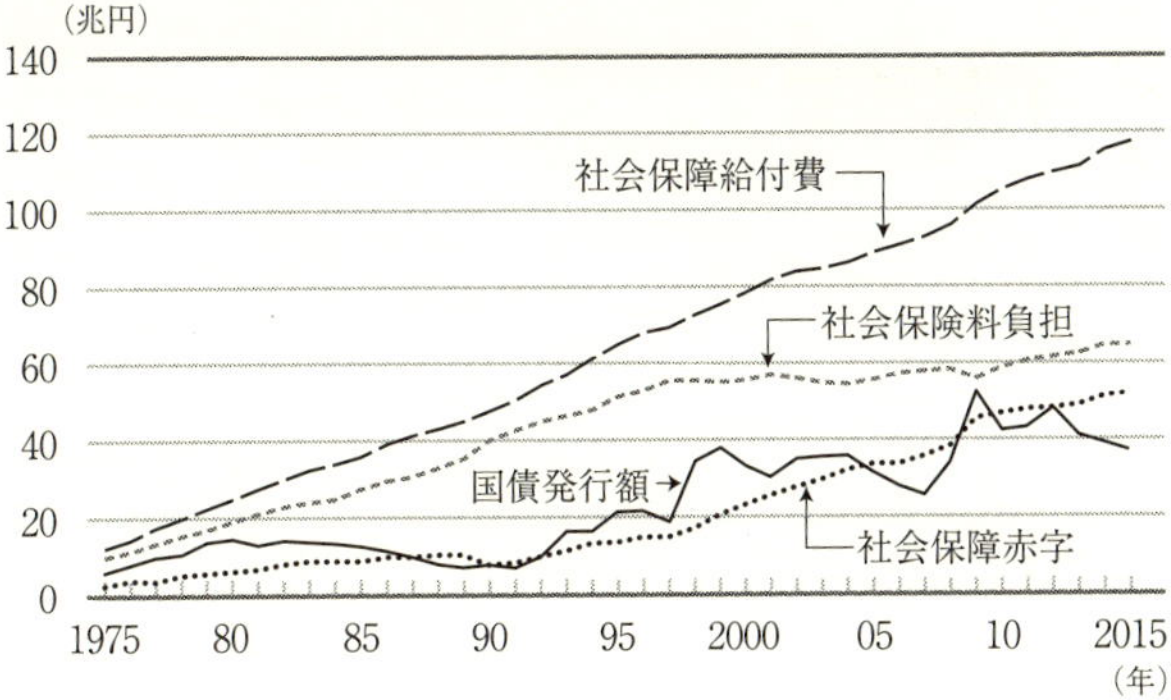

出所）国立社会保障・人口問題研究所（2015）、財務省（2015）

べて突出した水準に達しており、財政破綻の状況にあるギリシャをも上回っている。

　これに対して、日本政府は多額の金融資産を保有しているから問題ないという見方もあるが、金融資産を差し引いたネットの負債のベースでもGDPの一四〇％となり、同じ基準で見た欧州や米国の八〇％程度の水準との間には、やはり大きな差がある（図表４－２）。

　こうした状況を改善するために、先進国のうちでもっとも低い水準にある日本の消費税率を一〇％へ引き上げることが予定されている。しかし、経済成長率が高まらない限り、消費税率引き上げの財政収支への改善効果は一時的なものにとどまる。今後とも増加を続ける社会保障給付費を賄うためには、消費税率の持続的な引き上げが避けら

図表４－２　政府債務残高と政府純債務（ともに対 GDP 比）

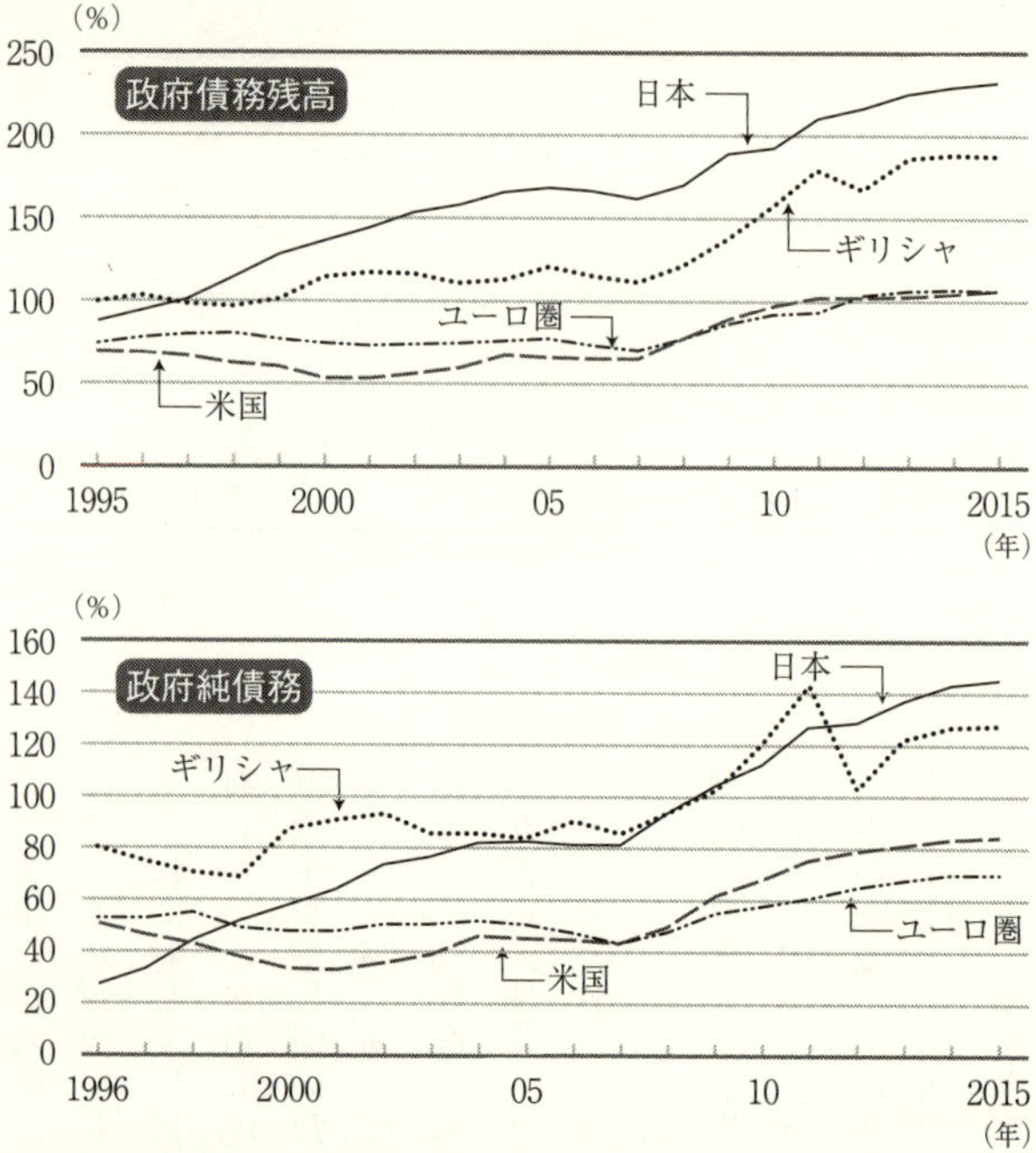

出所）OECD, *Economic Outlook*, 2015

れない。社会保障収支の大幅な赤字は、景気の良し悪しに関係しない構造的なものであり、高い経済成長を暗黙の前提としていた年金や医療給付の際限なき拡大に歯止めをかけなければ、政府債務の累積を防ぐことは困難となる。

小泉政権の取り組み

過去の政権で社会保障支出の抑制に本格的に取り組んだのは、小泉純一郎政権（二〇〇一～二〇〇六年）であった。小泉政権は、当初から郵政事業の民営化などに代表される「小さな政府」を掲げており、従来の政権のシルバー民主主義からの転換を求めた人々のニーズにマッチした特異な政権であった。また、財政再建策を実施すると大きなデフレ効果が生じ、景気が悪化して腰砕けになる危険性がある。この点、小泉内閣がスタートした時期は、世界経済が二〇〇一年の同時不況からの回復過程にあり、輸出需要の拡大が内需の停滞を相殺した。

財政再建策のひとつの大きな柱となる公的年金改革では、高齢化に対応して長期的な年金財政の安定化を図るため、給付額の自動調整メカニズム（マクロ経済スライド）を導入した。また、二〇〇二年からの五年間では、国の一般会計予算で一・一兆円（年平均二二〇〇億円）

の社会保障費抑制を行い、その実績を踏まえて、その後五年間にも同額の節約を「基本方針二〇〇六」の政策目標とした。もっとも、この目標額は毎年七〇〇〇億〜八〇〇〇億円の増加を続けている社会保障関係費の一部に過ぎず、放置すれば自然に増加する支出を部分的に抑制するものに過ぎなかった。それにもかかわらず「社会保障費を切り捨てて所得格差を拡大させた」と批判されたことは、その後の政権による財政改革の意欲を阻害した。

もっとも、小泉内閣の社会保障抑制政策は、郵政事業の民営化に多くの時間を割かれたこともあり、年金支給開始年齢の引き上げなど社会保障制度の抜本的な改革に基づくのではなく、具体的な支出抑制項目の選定を厚生労働省に委ねたものに過ぎなかった。また、この政策を継続した第一次安倍内閣では、雇用保険への国庫負担率の引き下げや生活保護費の部分的な抑制など、相対的に政治力の弱い分野で寄せ集めた支出を減らしたのみとなった。結局、シルバー民主主義のハードコア部分を克服する抜本的な改革には結びつかないまま、「社会保障費は（財政改革の）聖域」という認識を強めたうえで、打ち切られた。

ちなみに、小泉政権とほぼ同じ時期に、類似の構造改革を試みたドイツのシュレーダー政権（一九九八〜二〇〇五年）では、年金支給開始年齢の六八歳への引き上げや、公共職業安定所の改革と失業保険給付の厳格化など、持続的な社会保障支出の抑制に結びつく内容の改革が実施された。シュレーダー政権の労働市場や社会保障制度改革は、本来は「大きな政府」を目指すはずの左派政権によって実施された市場経済化政策であった。そのため、野党の協力が得られ、政治的に円滑に進められた。もっとも、その分だけ労働組合など本来の支持者からの批判は大きく、二〇〇五年の選挙では敗退した。しかし、構造改革の成果は右派のメルケル政権に継承され、ドイツ経済が欧州でもっとも高い経済パフォーマンスを示す基礎を築いた（八代2014）。

国債増加の何が問題か

シルバー民主主義を正当化する立場から、政府の借金である国債残高がいくら増えても、経済活動に大きな影響はないという見方があり、社会保障制度改革が進まない一因となっている。日本で発行された国債の大部分は自国民によって保有されていることから、いわば家庭内で夫が妻に借金しているようなものに過ぎないという単純な論理である。しかし、これには以下のような誤解がある。

第一に、金融市場のグローバル化が進んだ現在では、国債保有者の「国籍」は重要ではない。誰でも自らの財産の価値が損なわれるリスクが顕在化すれば、早期に売却することで財産を防衛するのは当然である。「日本人ならどのような状況でも国債を売らない」と見なすことは、国債保有者の「愛国心」に依存していることと同じで、根拠に乏しい。

第二に、たしかに日本銀行や日本郵政のような事実上の公的機関の保有する国債は、市場価格がどれほど低下しても塩づけにされるかもしれない。しかし金融資産の市場価格は、市場で取引される一部の金融資産の需給関係に連動する。増える一方の日本国債への信認性が失われれば、流通価格が大幅に下落し、大量の国債を保有している民間金融機関などは巨額の評価損を蒙《こうむ》ることになる。その損失を最小限にとどめるためには、保有国債の売却に走らざるを得ず、それがさらなる価格の下落を呼ぶ悪循環が発生する。

第三に、国債価格の下落は長期金利の高騰を生み、国債償還費用の増加を通じて政府の財政収支はさらに悪化する。また、相対的に低い金利だった過去の国債が償還され、高い金利の新たな国債に置き換えられれば、「借金を返済するために、それ以上の新たな借金を必要とする」状況に陥る。

国債金利と財政赤字の悪循環を防ぐため、政府は二〇二〇年に「(歳出から国債利払費を除く) 基礎的財政収支」の均衡化を目指す中期財政計画を策定した。膨大な借金を一時的に棚上げし、債務返済費を除いた範囲内での収支の均衡を図るもので、いわば倒産した企業の救済策と類似点が多い。しかし、肝心の社会保障費の削減内容が明確に定められていないなかで財政赤字を減らすためには、高い経済成長による税収の自然増に依存するしかない。結局、二〇二五年までの中期的な経済成長率が名目三%、実質二%という、きわめて楽観的な水準が見込まれている。

年金積立金の枯渇問題

シルバー民主主義の下では、さまざまな形で負担の先送りが行われる。国債残高の際限なき膨張を防ぐための中期計画が曖昧《あいまい》ななか、年金積立金の取り崩しが進んでいることは、日本国債の信用リスクに影響する。年金積立金は本来、高齢化のピーク時に備えたもので、一九八〇年の五〇兆円から、二〇〇〇年代には二五〇兆円程度にまで積み上がっている。もっとも、将来の年金給付費と比べれば、五五〇兆円もの積立不足であり、公的年金保険の事実上の簿外債務となっている。

年金保険収支の赤字を賄う別の手段として用いられてきたものが、二〇〇五年頃からの積立金自体の取り崩しで、これは実質的な「隠れ借金」の増加である（図表4－3）。厚生労働省の「一〇〇年安心年金」のシナリオでは、いずれ長期的な利回りが大きく上昇し、年金積

図表４－３　社会保障積立金（SNAベース）

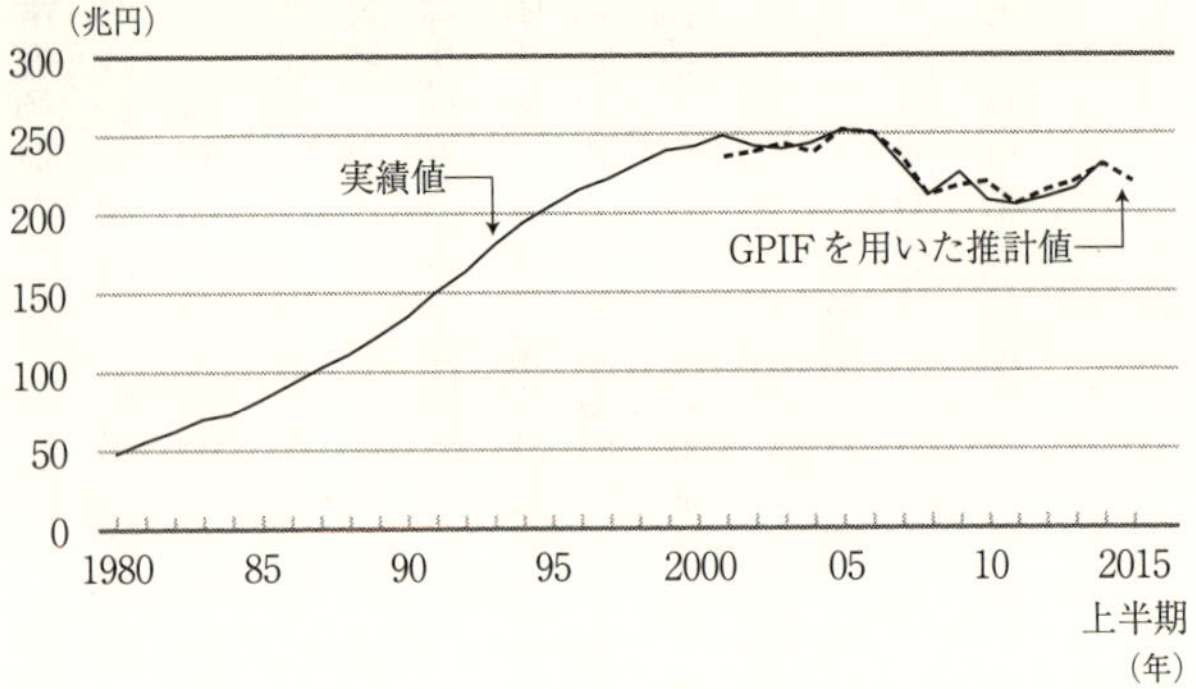

出所）内閣府「国民経済計算（SNA）」GPIF（年金積立金管理運用独立行政法人）資料（2014）より作成

立金が急速に積み上がるという前提となっていた。しかし低成長が続くなかで、神頼みの高い運用成績を持続することは困難であり、今後増加する年金給付費を賄うためには、積立金のさらなる取り崩しが進むことになる。

積立金の減少は、将来の積立金を取り崩す余地と運用収益額の減少を通じて、公的年金財政のさらなる悪化要因となる。このため、経済成長率などの経済指標が低迷する前提では、二〇四〇年代初めに厚生年金の積立金が枯渇する可能性があるという政府の試算もある。

この状況は、際限なき国債発行をもたらし、財政赤字の元凶である社会保障制度の改革が進むという保証がない限り変化はなく、ついには国債の買い手が不足する状況に陥らざるを得ない。もし新規の国債発行が困難となれば、現行の税収は一般行政費・地方交付税・国債費などに優先的に回される必要があることから、一般会計からの補助がなくなり、社会保障固有の財源である社会保険料（二〇一五年で五五％）の範囲内に支出が抑制されざるを得ない。その場合、機械的に計算すれば、現行の給付水準から四割程度の削減となる。これが、市場の規律により突然、社会保障給付の大幅な削減が強制される「ハードランディング・シナリオ」である。

こうした最悪の事態がいつ生じるかは不明である。積立金が現実に枯渇するのは二〇四〇年頃でも、金融市場では市場参加者の予測が重要である。将来の積立金の枯渇がコンセンサスとなれば、それ以前に国債金利の高騰が生じ、国債利払費の増加を通じて財政を悪化させ、さらなる国債発行を必要とする悪循環が生じる。その時期は大幅に前倒しされる可能性もある。それは年金受給者にとって悪夢である。

年金財政改善の三つの手段

最悪の事態を避けるためには、国債への市場の信認性の回復が必要である。そのための第一歩は、国債残高のGDP比率の高まりを止め、一定の水準で安定化させることである。中期的な財政安定化政策は、増税だけでなく、高齢化で増え続ける社会保障給付の抜本的な改革なしには実現できない。

サービスの生産活動を伴う医療や介護保険と比べて、年金保険は所得の移転に過ぎない単純な仕組みである。年金財政の収支を改善して、高齢化社会でも持続可能性を維持する手段としては、①年金保険料の引き上げ、②毎年の年金給付額の削減、③年金支給開始年齢の引き上げで生涯年金受給期間を抑制、などがある。順に見ていこう。

第一に、すでに上限が定められている保険料率を、法律改正でさらに高い水準に引き上げることは、経済活動や雇用を抑制する要因となる。とくに社会保険料の事業主負担分は、企業に対する実質的な「雇用税」であり、雇用需要の抑制や短時間パートタイマーへの雇用代替など、労働市場の攪乱《かくらん》効果を高める。また、経済成長率が低下すれば、保険料収入の減少にもつながる。さらに、後の世代ほどより高い保険料を長期間負担することから、世代間格差をいっそう拡大し、年金制度の安定性を損ねる危険性が高い。

第二の、既存の受給者も含めた給付抑制策は、社会保険料の引き上げと比べて企業の経済活動への影響が相対的に小さい。また、現在の高齢者は生涯負担に比べて生涯給付が多く、給付の抑制は世代間格差の是正にも貢献する。二〇〇四年の制度改正で導入されたマクロ成長スライド（後述）も抑制策のひとつであるが、その発動には「年金の名目額の減少を防

図表4－4　主要国の年金支給開始年齢と平均寿命（男性）

	平均寿命（歳）	支給開始年齢（歳）	差	引き上げ時期（年）
日本	80.1	65	15.1	2025
オーストラリア	79.5	65	14.5	2035
英国	78.2	68	10.2	2025
ドイツ	77.5	67	10.5	2029
米国	76.2	67	9.2	2027
デンマーク	77.3	69	8.3	

注）オーストラリアは2014年に、年金支給開始年齢の70歳への引き上げを発表
出所）OECD, *Pension Outlook*, 2012 ほか

ぐ」という制約条件があるため、二〇一五年に初めて実施されるまで一〇年間も先送りされてきた。

第三に、年金支給開始年齢の引き上げである。他の先進国の受給期間が平均一〇年程度（男性）なのと比べ、平均寿命の長い日本の受給期間は一五年間と、著しく長い。日本とほぼ平均寿命が等しいオーストラリアでは、二〇一四年に支給開始年齢を先進国のうちで最高の七〇歳にまで引き上げている。年金財政の安定化を図るためには不可欠な措置であり、平均寿命と比べて低すぎる日本の年金支給開始年齢の引き上げは、急務となっている（図表4－4）。引き上げのためには、六〇歳代を通じて働き続けられるように、高齢者の労働市場の整備が必要となる。日本はもともと、先進国のなかでは高齢者の就業率が高く、労働市場の改革を通じて「七〇歳現役社会」の実現を目指すことは十分に可能といえる。現役で働く高齢者が増えれば、それだけシルバー民主主義を抑制する効果も期待できる。

「不良債権処理」としての年金改革

公的年金給付の削減は、シルバー民主主義と真っ向から対立する点で、政治的にもっとも大きなタブーである。これが民間保険ならば、「給付の自然増加に見合って負担を増やさなければ倒産する」ことだけで十分である。しかし、政府が経営する公的年金は破綻しないために、際限なく債務を膨らませる点で、より大きな問題を抱えている。

他方で、公的年金は政府の徴税権に裏付けられているため、どれほど乱脈経営しても問題はない、というのも極論である。いくら徴税権があっても、それを行使することで経済活動に大きな負担を課すような規模であれば、現実に発動することは政治的に困難である。このことは、財政赤字を長年放置している日本の現状でも明らかである。その意味では、公的保険でも、給付を賄う資金が十分に調達できなければ、支払いが制限される可能性があることは民間保険と同じである。

受給者にとって公的年金は、引退後の生活の基礎として二ヵ月ごとに定額の支払いを受けられる、事実上、国への債権である。しかし、その具体的な内容は、民間保険のようにあらかじめ厳密な約款で定められているわけではない。法律の改正次第で、事後的に負担や給付条件が変わる可能性のある「白紙委任状」付の契約である。

これは本来、全国民を対象とした平均四〇年間の保険料支払いと二〇年間の受給という、「超長期の契約」である公的年金保険の健全な経営を維持するために、経済成長率などの経済環境の変化に対応して、必要な調整を行わなければならないためである。しかし現実には、年金保険がカバーする「長生きのリスク」が年々高まっているにもかかわらず、それを長年放置してきた「乱脈経営」の結果、累積した「つけ」を清算しなければならなくなっている。

年金財政の現状は、二〇〇〇年代初めに、小泉内閣によって強行された民間銀行の不良債権処理と共通する面が大きい。一九九〇年代初めのバブル崩壊で、多くの銀行が回収する見込みのない不良債権を抱え込んだにもかかわらず、「失われた一〇年」といわれた長期経済停滞の下、ひたすら株価や地価の回復を待ち続け、不良債権処理を先延ばしにしてきた。それが新規貸し出しの抑制という形で日本経済の回復を妨げていた状況に対して、大手術が必要とされた。

政府の保険会社である公的年金の運営もこれと同様であり、保険料収入に比べて過大な年金給付の削減を先延ばししてきた。また、年金収支の辻褄《つじつま》を合わせるために、その資産の運用利回りがバブル期並みに高まるという非現実的な前提に基づき、現行制度の抜本的な改革を避けてきた。国債という借金に全面的に依存した社会保障制度の実態を改善するためには、現在や近い将来の年金受給者は、自らの年金受給権が実は政府に対する「不良債権」と化している現実を受け入れることが必要となる。

通常の不良債権処理の仕組みは、債権者が債権の一部を放棄して、残りの債権を確保するか、あるいは割り引いた価格で他の債権者に転売することである。公的年金についても、①現実からかけ離れた高い運用利回りの経済前提に基づく「一〇〇年安心年金」の状況を放置する。その結果、いずれ新規国債発行ができなくなり、保険料収入の範囲内に給付を抑制する「四割カット」が生じるリスクに怯《おび》えながら老後を過ごすことになるケース、②現行の給付額の二割カットをただちに受け入れることで、現実的な経済前提の下でも、少なくとも今後五〇年間の年金給付が確実に保障される、「ソフトランディング・シナリオ」との選択である(八代・島澤・豊田2013)。

こうした選択が可能となるために、政府は年金財政の見通しの誤りを正すとともに、債権者である高齢者にとっての年金リスクとリターンの関係を明確に示す必要がある。もはやシルバー民主主義の余地がないことを高齢者が理解し、年金給付の削減を通じた世代間格差を是正するとともに、低所得高齢者への対応に集中することが、年金財政の安定化のための最善の道といえる。

社会保険から保護・福祉へ

社会保障給付の抑制には、「弱者の切り捨て」という批判が伴うが、それは大きな誤解である。本来の「弱者」のための給付は、生活保護などごく一部に過ぎない。社会保障の専門家の間で「保護から保険へ」の思想が長らく主流だったため、このことが軽視されてきた。生活保護の資格を得るためには、選別的な資産審査（Means test）を受けることが強制され、プライバシーの侵害が避けられない。このため、生活保護にできるだけ依存しなくてもよいように、全国民を対象とした普遍的な制度である公的年金だけで生活を維持できるよう、年金をその水準まで引き上げるべきという考え方である。

しかし、一部の低所得者に必要な最低生活を保障するための額を、大多数の中高所得者にも幅広く給付すれば、膨大な財源が必要となる。これは高度成長期の豊かな財源を暗黙の前提とした仕組みであり、今後の低成長の下で維持可能ではない。むしろ、社会保障財源の効率化の視点からは、「社会保険から保護・福祉へ」に重点を置く必要がある。年金などの社会保険は収支の均衡原則を最優先し、それだけでは生活できない低所得者には、最低生活費との差額を直接、財政から補助するという考え方である。

日本の社会保障給付費は、欧州諸国と比べて再分配効果が弱く、より中産階級のニーズに応える構成となっている。これは、年金・医療・介護などの社会保険給付が全体の九割を占めているためで、高所得層から低所得層への直接的な所得再分配の手段である生活保護や障害者福祉などの比率は一割に過ぎない。それに対して、ドイツやスウェーデンでは、福祉の比率が三割となっている。

限られた低所得者層を対象とした生活保護などの福祉支出に比べて、年金や医療・介護保険給付は、受給者の所得水準にかかわらず給付されることから、それだけ選挙の際の「集票力」に結びつき、高齢者ポピュリズムをもたらす。これは欧米にも共通した問題であるが、日本には米国の共和党や英国の保守党のような「小さな政府」のスタンスを明確に示す政党が欠如しているぶん、シルバー民主主義の度合いが大きくなる。日本の社会保障費について、幅広い所得層を対象とした年金や医療の社会保険給付を抑制し、欧州諸国と同様に低所得層の最低所得保障や福祉に重点を置いた仕組みへと改革すれば、限られた財源の下で、より効率的な所得再分配を行うことができ、国全体の所得格差の是正に貢献できる。

もっとも、厚生年金による「逆所得再分配」は、必ずしも創設者が意図したものではなかった。設立当初のように民間保険と同じ完全積立方式であれば、高賃金に比例した高い保険料率を負担した労働者が老後、それに見合った高い水準の給付を受給できることは合理的である。しかし、現実の年金給付の財源には、後の世代の老後のための積立金を取り崩したものも含まれている。現在の高齢者は自己の積立分をはるかに上回る給付を得ており、しかも高所得者ほど、後の世代から多くの所得移転を受け取れる仕組みは公平とはいえない。

同世代の不運な高齢者の最低生活保障は、同時代の幸運な高齢者の負担で主として賄う。ロールズの『正義論』でも示された、「広義の保険としての所得再分配」の論理である。それは後の世代の過重な負担を軽減することで年金制度の安定性にも貢献し、結局は高齢者層全体の利益ともなる。

第5章　シルバー民主主義下の年金制度

年金マンガと集団訴訟

前章では、日本の公的年金から生じる公的債務の累積問題を取り上げたが、それとは別に、たとえ見かけ上の財政収支が均衡していたとしても、目に見えない巨大な「簿外債務」が存在している。これは経済社会環境の変化に対応するために必要な年金制度の改革を先送りしてきた、シルバー民主主義の負の遺産といえる。

個人や企業から多額の保険料を徴収するとともに、その積立金を運用し、受給者に給付する公的年金の実態は「国営の保険会社」である。国が運営する公的年金では、民間保険と異なり、人々にとって「負担増」と受け取られる制度変更は政治的に困難である。年金保険を実質的に運営しているのは、かつては国営であったかんぽ保険のような独立の組織体ではなく、厚生労働省の一部局に過ぎない年金局である。このため目先の政治的な思惑に翻弄《ほんろう》され続けており、年金保険収支の均衡という、保険会社としてもっとも基本的なガバナンスすら達成できていない。

もっとも、日本の年金制度の持続性を確保するために必要な改革が進まないことは政治家だけの責任ではない。年金保険の専門家である年金官僚は、公的年金の抱えている深刻な現状を国民に訴える代わりに、過去の年金行政を正当化しようとしてきた。少子高齢化が急速に進むにもかかわらず、日本の年金制度は抜本的な改革なしでも長期的に維持できるというスタンスを貫いている。それは、現行の年金制度を分かりやすく説明するために作成された最近の「いっしょに検証！公的年金」(いわゆる「年金マンガ」、二〇一四)にも示されている。

こうしたなかで、二〇〇四年に導入された、高齢者人口比率の高まりに比例して年金給付を少しずつ抑制するマクロ経済スライドが二〇一五年に初めて発動された。これに対して、憲法違反という集団訴訟が提起された。これは公的年金制度自体に大きな問題がないなら、なぜ給付の持続的な抑制が必要かという素朴な疑問を示したものといえる。シルバー民主主義の高まりの下で、日本の年金行政も複雑な年金制度の情報公開を積極的に進め、国民の支持に基づいた制度改革を進めるという、他の先進国に共通した方向に転換することが迫られている。

長生きのリスクに備える

設立当初、日本の年金制度は、毎年の保険料を積み立て、それに運用利回りを加えた額の給付を、年金の支給開始年齢時から受け取れるという単純な積立方式の仕組みであった。医療保険や介護保険が、それぞれ疾病や要介護のリスクに対する備えであるように、公的年金は「(予想以上に) 長生きすることで、個人の貯蓄がなくなってしまうことのリスク」に対応するための保険である。したがって、平均寿命の伸長で「長生きのリスク」が高まれば、それに応じて保険料の引き上げや年間給付の抑制を行わなければ、年金制度を長期的に維持することはできない。

こうした場合、他の先進国では、民間保険と同様に、公的年金でも「長生きのリスク」の高まりに合わせた年金支給開始年齢の引き上げが常識となっている。平均寿命の伸長で働ける期間が延長できれば、年金に依存しなくとも、就労所得で生活を支えられる。この結果、年金保険にとっても、就労期間の延長による保険料の収入増と生涯給付の抑制とが同時に可能となることから、財政収支の改善に大きな効果をもっている。

日本では一九八五年の年金制度改正で、厚生年金の支給開始年齢を六〇歳から六五歳へ引き上げる原則を定めたが、それ以上の年齢への引き上げについてはほとんど議論されていない。三年ごとに一歳、年金支給開始年齢を引き上げる現行のペースでは、六五歳支給となるのが、男性で二〇二五年、女性は二〇三〇年となる。しかし、すでに日本人の平均寿命が男性で八〇・五歳、女性で八六・八歳に達しているなかで、六五歳支給のままでは、男女がそれぞれ一五・五年と二一・八年間という長期にわたって年金を受給することになる。他の多くの先進国では、男性で平均して一〇年程度の受給期間である。前章で述べたように、日本とほぼ同じ平均寿命のオーストラリアでは、二〇一四年に支給開始年齢を七〇歳へと引き上げる方針を発表した。これが責任ある年金行政の姿である（前掲図表4－4）。年金制度を維持するためには、日本もオーストラリア並みの水準に引き上げる必要があり、そのためには二〇二五年の前に十分な猶予をもち、政策的な決断を行う必要がある。

積立方式から賦課方式への意図せざる移行

日本の公的年金はもともと、現役世代が年金保険料を納め、それを国に預けて積み立てることで、自らの老後の生活費の原資とする制度であった。積立方式の年金保険は、世代ごとに独立した会計方式で、少子高齢化の直接的な影響を受けにくい。経済成長率が高ければ、運用利回りもそれに比例して高くなり、将来に受け取れる年金給付額も多くなる。日本の公的年金制度が創設された一九七三年は、一〇%台の高い経済成長が続いており、理想的な経済環境にあった。しかし、その直後に生じた経済成長の大幅な減速や出生率の持続的な低下、および高齢者の平均余命の高まりという経済社会環境の変化の下で、日本の年金制度は大きな試練に直面した。

設立当初に採用された積立方式は、国がすべての国民に加入を強制すること（国民皆年金）や、物価上昇に応じて年金給付が自動的に上昇するルール（インフレスライド）などを除けば、民間保険と基本的には同じ仕組みである。それぞれの世代が自らの老後の生活を支えるために年金の財源を積み立てる、当初の財政方式が今日まで堅持されていれば、世代間格差の問題は生じず、年金制度の安定性は維持されていたはずである。

この積立方式が、なぜ「勤労世代の保険料で、直接、高齢者を扶養する」という現行の賦課方式に変わったのだろうか。厚生労働省の「年金マンガ」では、単に「積立方式では急激な物価変動のリスクを避けられないために、そうしたリスクに対応できる賦課方式に変更した」としている。しかし、大幅なインフレに直面した終戦直後や、その後の固定金利の時代にはともかく、市場の資金需給で利子率が決まる市場経済の下では、インフレに利子率が連動することで積立金の運用利回りが高まり、その規模が膨らむことで対応できるはずである。むしろ賦課方式の方が、今後減少する勤労世代が、増加する一方の受給者を扶養するため、負担が持続的に高まる。なぜ、今後の経済社会環境の変化に逆らってまで、わざわざ賦課方式という「危険な財政方式」に転換したのだろうか。それについての明確な説明はまったくない。

賦課方式への移行は、政府の合理的な政策判断によるものではない。過去の保険料支払い額に見合わない額に高齢者の給付を増加させるという政治的な要請の下で、当初の積立方式がなし崩し的に賦課方式に移行せざるを得なかった、というのが実情である。年金制度創設当時の受給者は、保険料の積立額が少ないため、それに比例して給付額も少なく、「あめ玉(しか買えない)年金」と呼ばれた。こうした高齢者を、その所得水準にかかわらず、一律に救済するための政治的な措置として、保険原則を無視した年金給付の増額が行われた。これが、受給者の年齢が高いほど、年金制度を通じた世代間移転が大きい主因となった。日本のシルバー民主主義は、公的年金の歴史とともに存在してきたといえる。

積立方式への回帰を

その後も、予想を上回る高齢者の長寿化で年金受給期間が延長し、生涯ベースでの年金給付額が膨らんだ。それにもかかわらず、年金給付の抑制や支給開始年齢の引き上げが十分に行われなかった。結局、年金保険の財政規律は維持されず、保険料収入以上に増加する年金給付財源を賄うために、現役世代の老後に備えた積立金が流用され続けた。その結果、GDPの規模（五〇五兆円）を上回る五五〇兆円もの積立不足（二〇〇九年）が生じている。

これは一般の財政統計には反映されない巨額の簿外債務であり、健全な年金保険制度を維持するために必要な対応を、厚生労働省が怠ってきた結果である。この「政策の不作為」により、現行世代の隠れた負担を後の世代に先送りする世代間格差が発生している。保険原則を守れずに積立金が不足したことについて、「賦課方式に変えたから積立金が要らなくなった」と説明することは詭弁《きべん》としかいえない。

もっとも、賦課方式であれば必ず世代間格差が生じるわけではない。人口の年齢構成が長期的に不変であれば、勤労世代が自らの老後のために積み立てることと、各世代で高齢者を扶養することの負担は同じである。厚生労働省による賦課方式の説明は、こうした、少子高齢化が生じない特殊なケースを前提としたものである。現実には、今後の日本は人口の長期的な減少で、後の世代ほど「少ない勤労者が多くの高齢者を扶養する」状況となる。そうなれば、賦課方式の年金財政は、後の世代ほど大きな保険料負担か、少ない給付となる点で、年金制度の維持可能性を損ねている。こうした状況を防ぐためには、人口高齢化のピーク時に備えて、少しでも多くの積立金を維持することが、後の世代の負担を軽減するために必要となる。これは、それぞれの世代が自らの老後に備える積立方式への回帰と同じ意味になる。

今から積立方式に移行すれば、現在の高齢者の扶養と自らの老後のための積み立てのために「二重の負担」が生じるという論理がある。この論理は、あたかも現行の賦課方式を維持すれば、そうした負担増が生じないかのようなイメージを与える点で欺瞞《ぎまん》である。過去の年金政策の失敗により「二重の負担」はすでに存在しており、それをどの世代が負うかの違いに過ぎない。積立方式への回帰は、二重の負担を顕在化させ、現役世代（勤労者と引退者）がその負担を担うことで、後の世代に先送りしない政策である。

世代間格差は存在する

公的年金制度を通じた給付と負担の世代間格差の否定ないし矮小化が、これまでの年金行政の基本的なスタンスであった。これは、「年金マンガ」でも共通しており、公的年金制度は「子どもが両親の扶養に責任をもつ日本の家族の伝統を、核家族化などの社会的変化の下で、国民全員を対象とした仕組みに置き替えたもの」としている。すなわち、現在の高齢者は少ない保険料負担で多くの年金給付を受けているように見えるが、公的年金が設立される以前は家族内で高齢者の扶養を担っていた「負担」が考慮されていないとしている。しかし、私的扶養と公的扶養を合わせて考えれば、世代間格差は存在しないという論理は、現在でも年金保険料を払いながら私的扶養を行う家族の場合も考慮すれば、あまりにも雑な議論である。

第3章で触れたように、家族内の私的扶養は、農業や小売業を中心とした家族企業（ファミリービジネス）の世代を超えた継承と密接に結びついている。親の所有する土地・資本と、子どもを含めた家族の労働力との結合で成り立つ家族企業では、親が高齢で働けなくなると、その土地・資本を子どもが継承する代償として、子どもが親を扶養するという、家族内での暗黙の契約が成り立っていた。しかし戦後の経済発展の過程で、農業主体の産業構造が製造業やサービス産業主体へと変化するなかで、伝統的な家族内生活保障は変貌《へんぼう》した。就業者全体に占める農業も含めた自営業・家族従業者の比率は、一九五三年の五八％から二〇一五年の一二％へと大きく低下している。働き方の変化は、農村部から都市部への若年人口の移動とも結びついており、もはや子ども夫婦とその親の世代の家族は、独立した経済関係にある。

家族による私的扶養と公的年金とでは、別の大きな違いもある。家族内部の私的扶養では、子世代から親世代への所得移転は、あくまでも世帯所得の範囲内にとどまる。これに対して公的年金では、扶養世代と被扶養世代との間に共通の利害関係がないことから、すでに見たように、保険の収支均衡の制約を無視して「借金に依存した高齢者の扶養」が生じている。これも家族による私的な扶養と公的な年金保険を安易に同一視すべきでない理由である。

これに対してシルバー民主主義の下では、公的年金は「異なる世代間の助け合い」と考えられ、加入者の安心を得ることが基本的な役割となる。したがって、世代間格差のような個々の世代にとっての「損得勘定」という概念自体が成り立たないという。たしかに、保険という商品は、万一の場合の「安心」を得るためのサービスである。ここで保険料を払って「安心」を得た被保険者から、現実に何らかの事故が生じて保険金を受け取った者への所得再分配（助け合い）が生じることが「保険」の本質である。

しかし、同じ保険料を支払っているにもかかわらず、個人の属する集団の違いで、平均的な給付水準に大きな差があれば、それはもはや公平な「助け合い」とはいえず、むしろ加入者間の「差別」である。公的年金では生まれた世代の違いでこうした差別が行われており、単なるリスクの分散ではない。ふたつの異なった意味での所得再分配を、意図的に混同させているのが、年金当局の説明である。

格差の試算

それでは現実にどの程度の世代間格差が生じているのだろうか。厚生労働省は長らく世代間格差の試算自体を否定していたものの、最近ではやむなく容認するようになった。しかし、年齢により給付と負担の格差があることは認めた最近の試算でも、「すべての世代で、生涯を通じた保険料負担額よりも年金給付額が二倍以上になる」という夢のような結論となっている（図表5－1）。

これは第一に、保険料について事業主負担分を無視し、労働者の負担分のみを計上しているためである。しかし、企業が労働者を雇用する場合には、賃金だけでなく社会保険料の事業主負担分も含めた「賃金コスト」を考慮しなければならない。したがって社会保険料が引き上げられれば、企業は労働者の賃金を引き下げるか、雇用を減らすか、いずれかの手段を

図表５－１　年金の世代間格差推計の比較
（年金給付額／保険料負担額）

	厚生労働省 2015年	厚生省 1994年	鈴木試算 2015年
70歳	5.2	7.6	1.62
60歳	3.3		1.12
50歳	2.8	2.1	0.92
40歳	2.5		0.79
30歳	2.3	1.1	0.71
20歳	2.3		0.67
10歳		0.9	0.65

出所）厚生省「年金白書」、年金審議会資料、鈴木（2014）

取らざるを得ない。その意味では、労働者の負担する保険料としては、事業主の負担分も合わせて考える必要がある。

第二に、使用者の保険料分も含めて、加入者の負担額が倍になっても、なおすべての世代が得をする構図は変わらない。それは、年金積立金の運用利回りを著しく高く想定することで、将来期待される給付額を増やしているためである。ちなみに、こうした恣《し》意《い》的な操作をせず、客観的な情報を示した旧厚生省時代の「年金白書」（一九九四年）では、事業主負担分を労働者の負担に加えた場合、若い世代について、生涯を通じた年金給付額が保険料負担額を下回ることが明示されていた。

第三に、試算の対象となっているのは、独自の保険料負担なしに基礎年金給付を受け取れる専業主婦のいる世帯であり、その分だけ給付面で有利となっている。専業主婦世帯の負担減は、単身世帯や共働き世帯の見えざる負担増で賄われているが、年金当局はこうした世帯についての世代間格差は公表していない。

最近の厚労省による「すべての世代が得をする」世代間格差の試算を、「旧厚生省試算」と、割引率として一般的な利子率を用いた民間の年金専門家による「鈴木試算」と対比すると、その差が明瞭《めいりょう》に現れる（図表5－1）。

このように、現在の高齢者世代の大幅な受け取り超過を矮小化し、年金行政の政策の不作為を覆い隠すことも、シルバー民主主義の大きな弊害といえる。

マクロ経済スライドは両刃の剣

高齢化社会の下での年金財政安定化の切り札として、二〇〇四年の与党合意で導入されたマクロ経済スライドという仕組みは、年金給付額を毎年少しずつ自動的に切り下げるものである。この仕組みは、年金の収入の範囲内で給付を行うため、現役世代の人数の減少率と、平均余命の伸びに伴う給付費の増加率という、経済全体で見た給付と負担の変動に応じた調整率を用いている。

もっとも、この発動には「前年の給付額を下回らない範囲内」という厳しい制約が付けられている。具体的には、毎年の物価上昇率を反映して年金給付の名目額が増加（物価スライド）する率の全部、または一部を相殺する形で実施される。例えば、前年の物価上昇率が一％の場合に、マクロ経済スライド分の〇・九％が相殺されて、年金給付額は〇・一％の増加となる。しかし現実には、制度が成立して以降デフレが続いていたために機能せず、二〇一五年に初めて適用された。

毎年の年金給付額が前年の名目額を維持しなければならない、という縛りの根拠は乏しい。物価スライドは、もともと年金給付の実質価値を保障するためのものである。一方、マクロ経済スライドは世代間格差是正のためのもので、両者の機能はまったく別である。年金財政の安定化を図るためならば、デフレ下でも年金給付の減額をしなければならないはずである。厚労省は、日本の高齢者が前年と比べて名目の年金額さえ減らなければ、実質ベースでの削減に気付かないとでも考えているのだろうか。

マクロ経済スライドは、従来の年金保険料率と同様に、一度法律で定めれば、後は毎年自動的に適用されるという、年金行政当局にとってきわめて便利な仕組みである。しかし、他の先進国が用いている年金支給開始年齢の引き上げと比べて、低年金者の負担が累積的に大きくなることに問題がある。

なお、年金のマクロ経済スライドと正反対の政策が、二〇一五年度補正予算に盛り込まれた低所得年金受給者への臨時給付金である。「賃金引き上げの恩恵が及びにくい低年金受給者への支援」という趣旨で、「一億総活躍社会」の実現を目指す緊急対策の一部となっている。二〇一六年前半に「六五歳以上、住民税が非課税、年金収入が年一五五万円未満」の約一一三〇万人が対象となる。また、一〇月以降には、六五歳未満でも住民税が非課税となっている、障害基礎年金や遺族基礎年金を受給している約一五〇万人も対象となる。この結果、約四〇〇〇万人という年金受給者の三分の一に相当する高齢者層に、一律三万円の臨時給付金が支給されることになる。高齢者への臨時給付金は、シルバー民主主義の典型例といえる。

財政検証という「粉飾決算」

公的年金財政には、五年に一度の財政検証という監査の仕組みがある。二〇〇九年の財政検証時には、デフレの長期化にもかかわらず、賃金上昇率二・五％（二〇〇四年では二・一％）で、積立金の運用利回りが四・一％（同）という、現実からかけ離れた経済指標の水準が、二一〇〇年まで持続するという前提となっていた。民間の保険会社が、こうした高収益見込みの金融商品を売り出せば、金融庁から指導される。しかし、国営保険会社の乱脈経営に、金融庁のチェック機能は働かない。

日本と類似した仕組みの米国の公的年金が、その財務状況について、独立の政府機関から

図表5－2　厚生年金の積立度合いの「理想シナリオ」

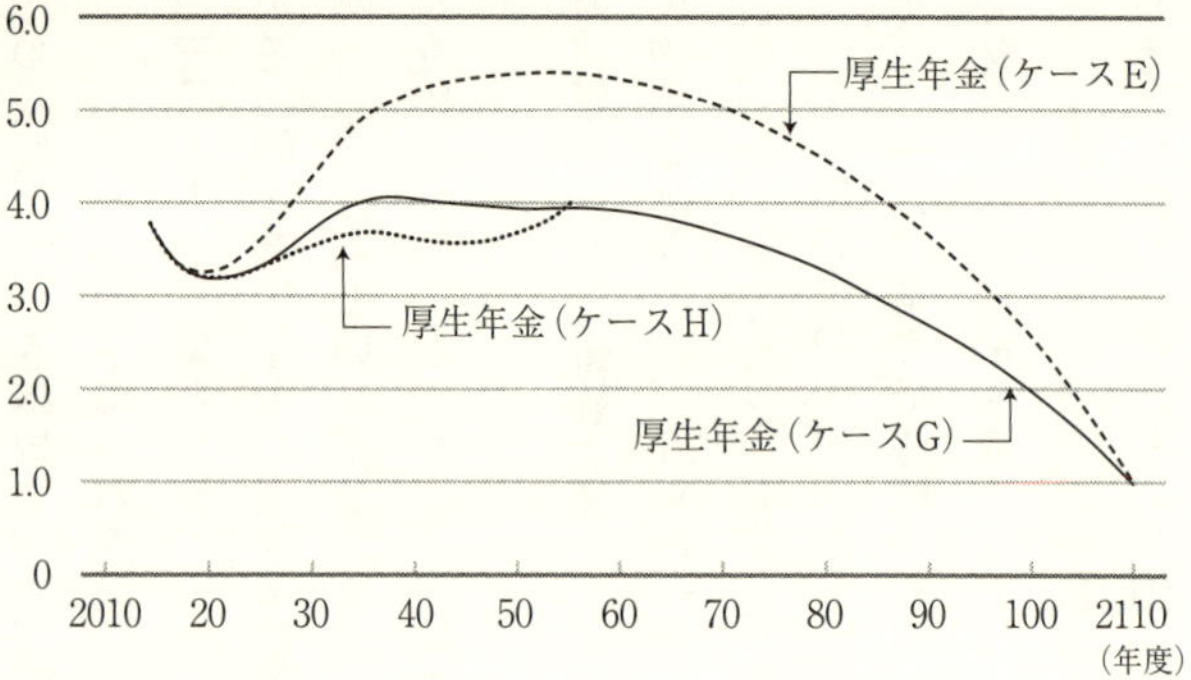

出所）厚生労働省（2014）

厳格な会計監査を受けていることと対照的である。「国の年金保険であるから、利益を追求する民間保険会社のような、行政による監査は不要」という論理は逆である。むしろ「市場競争に晒《さら》されず、政治的な恣意性に晒される国の保険であるがゆえに、外部の中立的な機関による厳格な監査が必要」と考える必要がある。

五年後に実施された二〇一四年の財政検証では、前記のような批判に配慮したためか、単一の経済前提は示されなかった。その代わりに、人口や将来の経済動向の前提についてのさまざまな組み合わせの八つのケースに基づく、将来の所得代替率が公表された。このうちの年金当局にとって都合のよい三つのケースでは、政府が目指している構造改革の結果、労働力の長期的な減少にもかかわらず、中長期的な経済成長率と運用利回りが高まることで、年金収支が大幅に改善する。その結果、第4章で見たように減り始めている年金積立金が、二〇二〇年から急に増え始め、一〇〇年後にも年金給付額を十分に賄えるだけの水準が維持される「一〇〇年安心年金」が実現するというシナリオである（図表5-2）。一方、これまでの経済の実績値に近い前提の三つの「現実ケース」では、給付のために十分な財源が確保できないという、正直な結果も参考程度に示されている。だが、そのグラフもなく、専門家でなければ見つけがたい。

財政検証には大きな欠点がある。年金財政改善のためのもっとも正統的な手段である、年金支給開始年齢の引き上げが盛り込まれていないことだ。「マクロ経済スライド」で給付の制限が実施される以上、年金支給開始年齢の引き上げは不要になる」という年金行政当局の論理は、それだけ年間給付の削減幅が大きくなることを示さない、きわめて身勝手なものといえる。また、「年金支給開始年齢の引き上げも不要なほど年金財政に問題がないなら、なぜ給付の削減が必要なのか」という国民の素朴な疑問に答えられないというジレンマに陥っている。

年金集団訴訟の問題点

二〇一五年五月に、全日本年金者組合という団体により、「二〇一四年度から始まった公的年金支給額の〇・七％の引き下げは、国民の最低生活を保障する憲法に違反する」との集団訴訟が、全国の一三都道府県で始められた。この集団訴訟の主要なポイントは以下の三点である。

第一は、国民年金の給付額の少なさである。現行制度では、個人が定額の保険料を四〇年間支払ったとしても月額六・五万円の給付に過ぎない。より短い加入期間の人も含めた加入者平均では五万四六八二円（二〇一三年度）とさらに少なく、これでは単身者は生活できないという。さらに、まったく年金を受け取れない無年金者が一〇〇万人も存在している。

第二に、物価下落期に、それに見合って年金を減額する年金法の規定（デフレ・スライド）が議員立法で停止された。これに基づく年金受給者の利得の返済（いわゆる「特例水準」の解消）は、今後の物価上昇のなかで解消するべきであり、物価下落局面が続いているなかでの支給額の減少は年金法違反だという。

第三に、年金被保険者数に比べた受給者数の増加を調整するための年金給付額の実質減額（マクロ経済スライド）は、憲法で禁止されている、合理的な理由なく個人の財産権を侵害する行為に相当するという。

この訴訟者の論理には、以下の三つの視点が欠けている。第一に、公的年金は憲法第二五条に基づき政府が無条件で保障する「福祉」ではなく、政府が運営する「保険」であり、過去に支払った保険料との収支均衡を前提としていることが理解されていない。「保険原則」に基づく以上、民間の火災保険や生命保険と同様に、保険の対象となるリスクの高まりに応じて、保険料や給付水準を調整することは、年金制度を長期的に維持するために必要不可欠な手段である。

第二に、公的年金の受給者が、過去に支払った保険料に対応する財産権をもつとしても、それは現実の給付額の一部に過ぎない。実際には、勤労者世代の財産に強制的に課される社会保険料や税を財源とした、多くの世代間の所得移転を受けている。公的年金の受給権は、いわば他人の財産権の侵害を前提としたもので、両者のバランスを考慮する必要がある。

第三に、年金給付の引き上げは低所得層の所得維持のためとするが、結果的に報酬比例部分の大きな中・高所得層の年金受給者にとってもより大きな利益となる。こうした貧困者の救済を名目として、幅広い年金受給者の歓心を買おうとするポピュリズムが、年金訴訟の主要な問題点である。

国民年金は少なすぎるか

高齢者の収入源の大部分は公的年金であるが、現行の給付額では高齢者の生活費を十分に賄えないという批判は多い。報酬比例部分のある厚生・共済年金の加入者以外を対象とした国民年金（基礎年金）は、とくに批判の対象とされる。しかし、公的年金の本質は政府が運営する「保険商品」であり、国民の最低生活を保障する「福祉」ではない。年金受給者にそれ以外の収入がなければ、生活を維持するための不足分を生活保護制度で補うことが、年金と福祉との適切な役割分担である。

公的年金の給付額は、民間保険の場合と同様に、加入期間中に払い込んだ保険料の総額に依存する。より多くの年金給付額を受け取るためには、それに見合った高い保険料を支払う必要がある。しかし、強制的に課される保険料の負担増には反発が大きい。国民年金は、個人として月額一万五五九〇円の定額保険料を満期の四〇年間納付すれば、その四倍強の月額六万五〇〇八円の給付を六五歳から二〇年間弱（男女の平均寿命による）受け取れる仕組みである（数字は二〇一五年度）。年金の運用利回りが、賃金スライドによる給付水準の引き上げとほぼ相殺されるとすれば、負担と受給の期間の違いを調整しても、実質ベースで生涯の保険料振込額の約二倍の給付額を受け取れる。「高収益の金融商品」になっているのは、基礎年金の給付額の半分が一般財源で賄われていることの結果でもある。

また、現行制度の下でも、基礎年金の上乗せ部分として追加的な保険料を払えば、より多くの年金給付が約束される国民年金基金制度がある。だが、その加入率は必ずしも高くない。国民年金給付の引き上げを求めるならば、国民年金基金への加入を、現行の任意制から強制制に変えることが、論理的な主張といえよう。

また、保険料を増やさなくとも、年金の受給開始年齢を先送りする代わりに、受給開始の時点から、より多くの年間給付額を受け取れる制度もある。例えば、六五歳支給の年金を五年間繰り下げれば、七〇歳以降の毎年の年金額は四二％の増加となる。いずれも、公的年金の「保険原則」である給付と負担の均衡原則の下で、年金給付額を増加させるための方法である。

なお、基礎年金の加入期間が満期に満たないために給付水準が低かったり、まったく受け取れない場合があることは、保険料の支払いを強制できない、現行の年金行政の失敗である。これを改善するためには、現行の（被用者以外について）強制性を欠く仕組みに換えて、「年金目的消費税」を導入する考え方がある。しかし、こうした提案を年金行政当局は無視して

図表5－3　公的年金の所得代替率と高齢者の就業率

	所得代替率（%）		60〜69歳男性就業率	
	グロス	ネット*	（%）	対日本比
日本	35.6	40.8	63.4	1.00
米国	38.3	44.8	48.9	0.77
英国	32.6	38.0	41.9	0.66
ドイツ	42.0	55.3	39.0	0.62
フランス	58.8	71.4	16.8	0.26
イタリア	71.2	78.2	24.7	0.39
カナダ	39.2	50.6	45.9	0.72
スウェーデン	55.6	55.3	48.9	0.77

*税・社会保険料控除後で比較
出所）OECD, *Pensions at a Glance*, 2013

いる（第6章）。

ＯＥＣＤの「図表で見る世界の年金２０１３（*Pensions at a Glance*, 2013）」によれば、日本で平均賃金の労働者が退職まで働いた場合、公的年金でそれまでの平均賃金の三六％を受け取ることができる。この所得代替率は、ＯＥＣＤ諸国平均（五四％）よりもかなり低い水準である（図表5－3）。このように、すでに先進国のうちで低い日本の年金水準をさらに引き下げることは望ましくないという批判がある。

もっとも、このＯＥＣＤによる国際比較は、各国の法律で定められた年金支給開始年齢で比較したものである。多くの先進国では、公定の支給開始年齢よりも早期に退職することが一般的であり、その場合には、生涯の年金受給額が変わらないように法定の給付額よりも毎月の年金額が減額される。例えば、米国の年金支給開始年齢は六七歳であるが、現実の六〇～六九歳（男性）の就業率は四九％に過ぎず、約半分はそれ以前に早期退職し、減額された年金を受け取っている。また、欧州大陸諸国の年金所得代替率は日本と比べればはるかに高いものの、六〇歳代まで働いている労働者は二割から四割に過ぎない。六七歳支給での年金額を五年間繰り上げ（早期）受給した時の年金の減額率を日本と同じ三〇％として計算すれば、日本との差は大きく縮小する。

実質価値で考える

公的保険としての年金の目的のひとつに、戦後の高インフレのような事態でも、その実質価値が損なわれないことの保障がある。そのため、物価水準に応じて給付額を変動させることが年金法で規定されている。公的年金が保障するのは物価変動を除いた実質値であり、「インフレスライドは良いが、デフレスライドは悪い」という主張は成り立たない。

物価下落で実質所得が増えるにもかかわらず、議員立法で、高齢者の生活水準の維持を名目に、二〇〇〇年から三年間にわたって物価スライドの適用を中止し、年金の名目水準が維持された。このため、法律通りにデフレスライドが実施されていた場合と比べて、累積で二・五％の差が生じており、毎年約一兆円もの給付増となった。この解消策として、二〇一三年からの二年間でそれぞれ一%ごとの、また二〇一五年には最後の〇・五%分のマイナス改定が実施された。もっとも、年金額の引き下げは、法律で定められた本来の水準への復帰に過ぎず、すでに過去八年以上にわたって支払われた給付費の増加分は取り戻せない。

集団訴訟の訴状にある、「物価上昇に対応したインフレスライド分から、特例水準解消のための年賦払いの一%を差し引くことは仕方ないが、物価上昇率が〇・三%しかないのに、前年の給付額を〇・七%も削減するのは財産権の侵害」とは、「名目値」にこだわる奇妙な論理である。仮に二%のインフレであれば、差し引き後も年金の名目額が前年に比べて一%増えるから良いということだが、年金の実質価値（購買力）で見れば、いずれも同じことだからである。

この他にも、年金受給者は消費税の引き上げ分の負担増もあるという。しかし、消費税率の引き上げの場合、それが完全に消費者に転嫁されるわけではなく、おおむね一%の税率引き上げで〇・七%程度の消費者物価上昇率が見込まれている。これが「消費税の負担」であるが、特段の立法措置がないかぎり、消費税率の引き上げによる物価上昇分は自動的に年金のインフレスライドの対象に含まれる。年金受給者は増税の負担を給付の増加で相殺される仕組みとなっており、実質的に消費税の負担を免れることができる。これは、賃金など自動的なインフレスライドがない他の所得と比べて、公平性の観点から大きな問題がある。むしろ、一部の国で実施されているように、年金のインフレスライドの対象から消費税率引き上げに基づく物価上昇分は除くという措置が公平な税負担のために必要である。

もっとも、年金保険料の未納付者を放置するなどの行政の不備で、無年金の高齢者が多く存在することは事実である。しかし、その救済は生活保護行政に委ねるしかなく、年金給付を一律に引き上げるとすれば、生活に困窮しない中・高所得層の高齢者も多くの利益を得る税金の無駄遣いとなる。

集団訴訟のポスターには、「若者も安心できる年金制度を」とうたわれている。これは「年金給付増加の恩恵は、いずれ現在の若者も高齢者になれば受けられる」という前提に依存している。しかしそれは、人口の年齢構成が将来も不変という、少子高齢化社会と矛盾した前提に基づく、根本的な誤りである。真の意味で「若者も安心できる年金制度」は、むしろ平均的な年金給付の削減を通じて後の世代の負担を軽減し、年金財政の安定化を図ることで実現するものである。そして高齢者の生涯年金給付を抑制する手段としては、基礎年金も含めた給付の一律的な削減よりも、就労所得を得られる機会を増やす年金支給開始年齢の引き上げの方が、高齢者の貴重な労働力の活用のうえでも望ましい。

年金集団訴訟にどう応えるか

「年金給付水準の一律的な切り下げは、低所得の高齢者の生活を脅かす」という集団訴訟の主張自体は事実である。働ける余地の小さい高齢者に対して、弾力的な生活保護制度への改革を怠ってきた厚生労働省の不作為の責任は大きい。また、少子高齢化の進展の下で年金財政の深刻な現状を明確に示さず、二〇〇〇年安心年金の幻想に固執する年金行政の責任も重大である。諸外国では高齢化対策の基本と位置付けられている年金支給開始年齢の引き上げをまったく検討せず、毎年、自動的に給付を削減するマクロ経済スライドに依存していることで、それだけ給付の削減額が大きくなり、年金行政の大きな歪みが生じている。

他方で、全日本年金者組合が低年金高齢者の救済策として求める年金給付の事実上の引き上げは、中・高水準の年金受給者に対して、より大きな利益をもたらすものである。典型的なシルバー民主主義の主張であり、年金財政の深刻さを顧みないものである。それは世代間の利害対立を深刻化させるとともに、結果的に高齢者自身にとって不可欠な年金制度の持続性を損なうことで、大きな弊害をもたらすといえる。

第6章　高齢化時代に公平な税制とは

高齢者優遇の税制度

年金制度は所得税制度と密接な関係にある。税制度は、どの国でもその社会の価値観を反映している。日本では、高度成長期に勤労者の所得水準が急速に高まった半面、取り残された大部分の高齢者が貧しかった時代を反映して、「弱者」である高齢者に有利な所得税制となっている。勤労所得と比べて、高齢者の主要な所得の源泉である年金を、さまざまな形で優遇する税制度が典型である。

しかし今後、高齢者比率が急速に高まる社会では、これまでのシルバー民主主義的な税制の歪みが拡大する。勤労者の大多数が受け取る厚生・共済年金は、現役時代に高賃金の者ほど老後に多くの年金を受け取れる「報酬比例・従前生活の保障」を目的としている。こうした高齢者の年金に対する課税を、現役世代の賃金所得と比べて優遇することは、税制の「水平的公平の論理」からかけ離れたものとなる。それだけでなく、結果的に高齢者世代間の所得格差を広げる要因となる。これを「年齢に中立的」な税制へと改革していくとともに、豊かな高齢者から貧しい高齢者への所得移転を促すことが、高齢化社会の税制改革の大きな課題となる。

このためには、勤労世代の負担を軽減し、高齢者に応分の税負担を求める制度への改革が避けられない。相続税や贈与税などの資産課税や年金所得税の軽減措置の見直し、そして社会保険料を補完する「社会保障目的消費税」の創設がカギとなる。これによって、後の世代への負担の先送りの防止と、高齢者世代内部での所得格差の改善が達成される。社会保障目的税は、社会保険について「給付は多く、負担は少なく」のポピュリズム政治を防ぐためのカギともなる。

年金所得への課税

高齢化社会では、高齢者の主たる所得源である年金所得への課税が重要となる。年金所得が賃金所得と比べて優遇されていることには、公平性と効率性の両面から大きな問題がある。具体的には①保険料の支払いと②年金給付の受け取りの双方について問題が生じている。

第一に、年金保険料の支払い面で、その全額が所得税の課税対象所得から控除されることである。民間保険料の控除額は五万円と上限が低いのに対して、社会保険料はその全額が青天井で控除される。この根拠としては、個人所得税と社会保険料との「二重課税」を防ぐためとされている。しかし、負担に対して直接の見返りのない所得税に対して、年金保険料は強制とはいえ、その支払い額に応じて将来の年金給付額が増える点で民間保険と同じ仕組みであり、純粋な意味での「負担」とはいえない。

しかも、累進的な所得税率の下では、高い税率を課される高所得層ほど保険料控除の効果が大きくなり、課税所得が減る。今後の高齢化社会では社会保険料の水準はさらに高まることから、これを放置すれば、所得税の課税ベースが縮小し、国の主要な財源が損なわれてしまう。

第二に年金給付の受給面でも、年金所得には、最低でも年間一二〇万円の控除額（六五歳以上）が設けられている。これは最低限が六五万円である給与所得控除の二倍弱の水準であり、高齢者の税負担を引き下げる大きな要因となっている。そもそも、給与所得控除にはサラリーマンが働くために必要な経費の一括控除という意味があるが、働かない高齢者の年金所得の控除について、根拠は明確でない。年金給付水準が低かったことへの税制上の配慮という見方もあるが、高い年金を受け取るほど所得税制上有利になる仕組みは、高所得の高齢者へのポピュリズムとしかいえない。

さらに厚生年金受給者の死亡時には、扶養されていた配偶者に元の年金給付の三分の二の水準の遺族年金が支給される。遺族年金は他の収入の有無にかかわらず、所得税が非課税になっている。しかし高齢の単身女性の所得や資産のばらつきはとくに大きい。独身者や離別者と比べて、夫と死別した場合には相続財産などにより生活水準が高い場合が多く、遺族年金について一律に大幅な税制上の恩恵を受ける根拠は乏しい。

さらに年金所得税は、他の所得の水準にかかわりなく一律に分離適用される。この結果、給与や資産所得の多い高所得の高齢者ほど有利な税制となっている。特定の所得に対する分離課税の例としては配当所得課税があるが、これには高い税率を課すと資本が海外に逃避し、税収自体が減少することを防ぐ意味がある。しかし年金所得者が高い所得税率を避けて海外に移住する可能性は乏しく、分離課税の根拠も不明である。

税制上の優遇措置だけでなく、受給者の所得水準にかかわらず、基礎年金給付の半分を公費で一律に賄う仕組みも維持されている。一九六一年に、サラリーマン以外の国民も幅広く公的年金の対象とする国民年金制度が創設された際に、「（保険料が強制される）隠れた増税」と批判した野党への妥協策として、国が給付額の三分の一を負担することとされた。これがその後、年金財政の安定化のために二分の一にまで引き上げられたという経緯がある。

これは国が運営しているものの、公的年金はあくまで民間の保険商品と同じ保険原理に基づくものであることを十分に周知徹底できなかった、年金行政の失敗といえる。その結果、高所得者の基礎年金部分にも一律に五割の補助金が用いられている現状は悪平等であり、高齢者の比率が高まるとともに、所得再分配政策としていっそう非効率となっている。

他の先進国では、民間の企業年金や個人年金の受け取り額を税制上優遇することで、人々の自助努力を促す方向へと変化している（森信２０１５）。税制調査会報告書（二〇〇〇年）は、年金課税の整合性という観点から見て、保険料の払い込み面を非課税としたまま、年金給付面でも大幅に優遇する現行税制は一貫性を欠くとしている。そして、「年金収入のみで生計を立てる低所得者の取扱いについて配慮したうえで、給付段階での優遇措置の適正化」を行うとして、事実上の公的年金控除の撤廃を示唆したものの、その後の進展は見られない。

日本でも、年金保険の意味を明確にするとともに、公的年金からの収入を所得税の課税ベースに取り込み、担税力のある高齢者に現役世代と同じように能力に応じた負担を求める必要がある。これは、税制面からシルバー民主主義を克服するための第一歩といえる。

専業主婦優遇が生む歪み

シルバー民主主義の思想は、とくに高齢世代に多い専業主婦世帯の優遇という形でも現れる。女性がフルタイムで働く共働き家族の比率は、二五〜二九歳層をピークに年齢とともに低下する。そのため、この問題は専業主婦世帯の比率の高い高年齢層と、共働き比率の高い若年世代との間の利害対立と見なすこともできる。

戦後の高度成長期の日本の家族は、世帯主の男性が働き、配偶者の女性が家事・子育てに専念する、家庭内の垂直分業の形態が支配的であった。それを前提として、無業の配偶者に対する税制や社会保険制度の優遇措置が設けられた。しかしその後、専業主婦世帯は減少傾向にあり、二〇一五年には七〇六万世帯と、共働き世帯（一一一七万世帯）を大きく下回っている。このように、女性が男性と同様に働き続けることが主流になった今日でも、税制や社会保険制度が過去の時代のまま維持されていることが、公平性の観点から大きな社会問題

図表6－1　専業主婦世帯と共働き世帯の推移

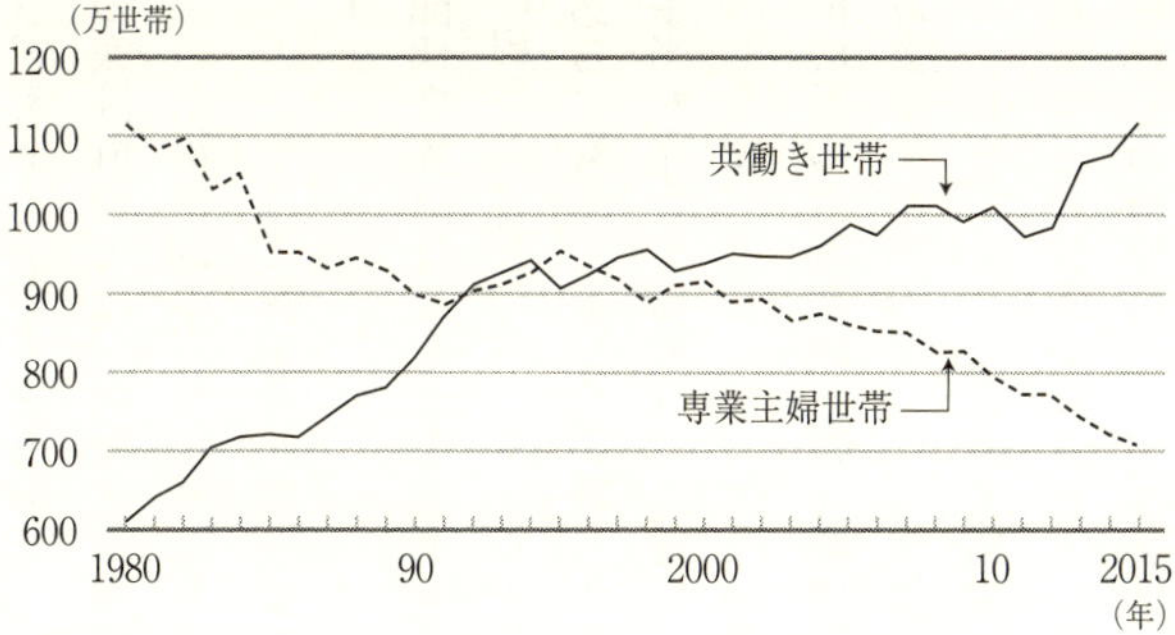

出所）総務省「労働力調査」(2015)

となっている（図表6－1）。

専業主婦世帯への税制や社会保険制度を通じた優遇措置は、公平性だけでなく効率性にも欠ける。この措置は、女性が一定の所得水準を超えて就業する場合には失われることから、その就業を抑制する歪んだインセンティブを生み出している。

まず、個人の所得税制（住民税含む）で、配偶者の給与が年間一〇三万円以下である世帯主に対する年間三八万円の所得控除は、収入のない配偶者を扶養することによる「担税力の低下」に配慮したものとされている（税制調査会2000）。

しかし、家事・子育てなどの「家庭内生産活動」に専念する専業主婦を、子どもなどと同様に、世帯主の扶養負担が生じるだけの存在と見なすことは妥当ではない。むしろ夫婦が共に働く世帯の方が時間的な制約から、家事・子育てを市場サービスに代替せざるを得ない。このため専業主婦世帯と同じ水準の家計所得では、共働き世帯の方が担税力が低く、これを補う「共働き控除」を適用する米国の所得税制の方がより論理的といえる。具体的には、夫婦が共に働く世帯について、ベビーシッターや保育所の費用が、家計所得に応じて一定の範囲内で税金から控除される仕組みである。

配偶者控除は、それを基準とした企業の配偶者手当（この制度をもつ企業平均で月一万六三〇〇円）と連動していることから、専業主婦が就業すると一時的に家計所得が減少する問題もある。もっとも、企業経営の国際化が進むなかで、労働者の企業への貢献と無関係な配偶者手当を廃止する動きもあるが、大部分の企業では過去の慣行がそのまま維持されている。このように、主として「女性が働くと損をする」制度が維持されることは、労働力の減少が経済成長の抑制要因となる高齢化社会では、大きな社会的コストを生むものとなる。

最近の税制調査会では、配偶者控除を廃止することによる専業主婦世帯の負担増を避けるためとして、子ども控除の拡大や配偶者の就業にかかわらず適用される「夫婦控除」への置き換えなどの提案がなされている。本来、女性の就業抑制の防止のためであれば、税収の増減税なしの範囲内で、配偶者控除を（働く可能性の少ない）子どもへの控除へ振り替えれば、子育て支援と合わせて一石二鳥の政策となる。それにもかかわらず、あえて現行の専業主婦の配偶者控除の維持を前提とした「夫婦控除」という制度を新設することは、子どもを扶養していない高齢者世代への配慮と考えられ、やはりシルバー民主主義に影響されている。こうした税制改革は、増減税の一体化の原則に反したものであり、貴重な税財源を失う点でも望ましくない。

消費税はなぜ嫌われるのか

一般会計に占める主要税収を比較すると、一九九〇年代初めからの経済成長の減速を反映して、法人税や所得税が低迷するなかで、消費税だけは景気変動に関係なく、安定した税収を維持している。二〇一五年には所得税を抜いてトップとなった。勤労時に貯蓄を積み立て、それを引退後に取り崩すという、生涯を通じた個人の行動を前提とすれば、生涯ベースで見た所得税と消費税の負担額には大差がない。もっとも、人口に占める高齢者の比率が高まるなかでは、給与所得の比重は持続的に低下し、年金所得の比重が高まる。勤労世代の給与のみに依存した所得税制では税収が先細りとなるため、高齢者も負担する消費税の優位性が高まっている。

それにもかかわらず、日本の消費税率は、二〇一七年に予定されている引き上げ後でも一〇%に過ぎず、二〇%台の欧州と比べて著しく低い水準にある。消費税率の引き上げが頻繁に行われる欧州と比べて、日本は大幅な財政赤字が持続しているにもかかわらず、長年にわたって先送りされてきた。日本では、消費税の引き上げにとくに反対論が大きいのはなぜだろうか。

累進性の高い所得税は公平な税とされているが、労働、資本、土地などから生み出される多様な所得の間では、実質的な税負担率に大きな差が生じることが避けられない。また、労働所得についても、給与の源泉徴収が適用されるサラリーマンと自主納税の自営業主の間では、同じ所得でも捕捉《ほそく》率の差は大きい。したがって、所得が生まれた時点ではなく、それで個人が何らかの商品やサービスを購入した時点で課税する「消費税」の方が、生涯を通じた同一所得・同一課税の観点からは、より公平な税となる。

他方で、個々の商品やサービスを購入するごとに負担する消費税では、「垂直的公平性」の基準は満たせない。多く消費した個人に多くの課税を行おうとしても、商品のレシートを集めるほど税負担が重くなるのでは、集めるインセンティブが生じないためである。この点では、累進税率が適用できる所得税の優位性は揺るがず、消費税には「逆進性」という批判が付きまとう。金持ちも貧しい者も、一律に一〇%の消費税を負担することは「不公平」とされる。

これに対しては、いくつかの改善策がある。第一に、欧州で実施されているように、低所得層の購入比率の高い必需品、とくに食料品に対して消費税を免除、あるいは軽減税率を適用することである。これは日本でも導入される予定であるが、逆進性の緩和という目的に照らしては、必ずしも効率的ではない。高所得層ほど多額の食料品を購入することから、結果的に軽減税率の恩恵を低所得層の二倍以上受け取る、新たな「逆進性」が生じるためである。軽減税率による消費税負担の減少額は、一七六万～二五一万円の低所得層では〇・八万円に過ぎないのに対して、七三五万円以上の高所得層では二万円となる（大竹2015）。もっとも、低所得層だけでなく幅広い階層が利益を受け取るという点では、政治的なポピュリズムの手段としては有効であり、一部の政党から強く支持される所以《ゆえん》といえる。

第二に、低所得層に限定して食料品の消費税引き上げ分を還付する手法がある。消費に対して一律に課税する一方で、低所得層に対して現金給付を行い、消費税の逆進性を軽減する仕組みである。二〇一五年に財務省が提言した「日本型軽減税率」はこの一種であるが、還付額の上限を一律に定めることで、多額の食料品を購入する富裕層の利益を制限する狙いがあった。

第三に、消費税自体を修正するのではなく、その税率の引き上げ分の使途を、低所得層ほど恩恵を被る社会保障の目的税に限定することである。この支出面と組み合わせることで消費税の逆進性を相殺するという考え方の方が、はるかに有効である。

社会保障目的消費税の意義

所得税は、社会保険料と密接な関係にある。日本の年金制度と基本的に同じ仕組みの米国の年金制度では、日本の社会保険料に相当するものは財務省の一部に相当する歳入庁が所管する「社会保障税」である。両者の違いは、その徴収機関が厚生労働省か財務省かという、担当省庁の違いに過ぎない。

日本の社会保険の主要な財源である年金保険料は給与に課されることから、実質的に個人所得税と同じ仕組みであり、両者は一体的に考える必要がある。ただし年金保険料は、すべての世代の所得や消費に課される税金と異なり、給与を基準として労働者と企業のみに課される。このため、人口に占める勤労世代の比率が低下するほど負担者が減り、一人当たりでは負担増となる。また、すでに述べたように、企業負担の保険料は雇用者数に比例して増える実質的な「雇用税」でもあり、雇用需要を抑制する効果もある。

これに対して、福田康夫内閣時に検討された、基礎年金の財源に使途を限定した「年金目的消費税」には、以下のようなメリットがある。

第一に、消費税を高齢化社会の基幹税として位置付けることは、高齢者への優遇策を是正し、「年齢に中立的」で負担能力に応じた税制への第一歩となる。社会保険を通じた世代間格差のひとつの要因は、保険料の大部分を勤労世代が負担していることである。すべての被保険者が、その年齢にかかわらず、生活水準（消費税支払い額で示される）に応じた負担を担うのであれば、世代間格差の縮小に結びつくといえる。また、引退した高齢者も負担することで課税ベースが大きく拡大し、高齢化社会でも安定した財源を確保できる。

これに対して、年金を受給しながら保険料も同時に払うのは無駄な所得移転という声もあるが、それは年金給付を公的な貯金と誤解した論理である。同じ公的保険である医療・介護保険では、高齢者も疾病や要介護のリスクをカバーするために保険料を負担している。これと同様に、年金保険も、高齢者がどれほど長生きしても年金給付を受け取ることができるよう、「長生きのリスク」に対応した保険料と考えれば、年金を受給する高齢者が同時にその保険料を負担することは矛盾しない。

高齢者が消費額に比例した「保険料」を負担し、定額の基礎年金を受け取ることは、結果的に豊かな生活で多くの消費税を負担する高齢者から、貧しい高齢者への所得移転にもなる。所得格差のもっとも大きな高齢者世代内の所得再分配を強めることで、公平性を高めることになる。また、現役世代にとって現在の国民年金保険料は、個人の所得水準にかかわりなく定額の保険料を負担する点で、悪税として名高い「人頭税」に等しい。これが、個人の消費額に応じて負担する比例税である社会保障目的税に代われば、やはり被保険者の間の所得分配を改善することになる。

第二に、年金目的消費税は、消費税の形で支払われる「社会保険料」である。被保険者の所得の把握や未納付問題は存在しないため、確実に徴収できる。個人の所得の種類や勤労世代と引退世代との区別もなく、消費額の大きさに比例して負担し、課税逃れも困難な効率的な税である。いくら高い所得を得ていても、それを使わなければ意味がなく、使えばほぼ確実に捕捉される点では、消費税に勝るものはない。

主として自営業を対象とした現行の国民年金の未納率は四割の高水準（免除者も含めれば五割）に達しており、被保険者の間に大きな不公平を生んでいる。これに対して、厚生労働省の担当部局は、「保険料を負担しない未納付者は、将来、給付の半分が税金で賄われる

『お得な年金給付』を失うだけで、年金保険財政には影響しない」として、抜本的な改善策を行っていない。しかし、すでに一〇〇〇万人を超える国民年金の受給者が存在するにもかかわらず、サラリーマン以外の国民年金の被保険者が定められた保険料を負担せず、自主的に「脱退」することを事実上防げない年金行政の怠慢のつけは、結局、基礎年金という「どんぶり勘定」を通じて、サラリーマンの被保険者にしわ寄せされる。国民年金と厚生年金などの一部を統合した基礎年金は、「国民全体での助け合い」の仕組みと宣伝されたが、実際には、国民年金の未納者の増加による減収分を厚生年金などの被保険者で賄っており、「取れるところから取る」年金当局のモラルハザードといえる。

第三に、現在は厚生年金と一体的に徴収しているサラリーマンの基礎年金保険料が消費税に置き換わると、それだけ企業の保険料負担が軽減される。企業に対する実質的な「雇用税」が軽減されることは、雇用機会の拡大に貢献するものであり、その恩恵は雇用者にも及ぶ。企業への優遇策という批判は当たらない。

最後に、現行の非効率的な保険料の徴収システムが大幅に簡素化される。現行の、第1号（自営業など）、第2号（サラリーマン）、第3号（サラリーマンの無業の配偶者）に、被保険者が分かれた仕組みでは、被保険者の「身分」が変化するごとに届け出が義務付けられ、それを怠ると知らぬ間に無保険者になり、将来、年金を受け取れないリスクがある。とくに女性の場合には、学卒後、サラリーマンとして働けば第2号、結婚して専業主婦になれば第3号、また世帯主が脱サラして自営業になれば配偶者も自動的に第1号の届け出を、その都度出さなければならない。基礎年金の財源を目的消費税にすれば、被保険者として四〇年間の満期を迎えた際の受給権は、その間に国内に滞在していたことを証明すればよいだけとなる。

なお、年金保険料を年金目的消費税に置き換えれば、それまで長年にわたって保険料を払い続けた者が損をするという批判がある。これに対しては、個人の保険料支払い記録は維持したままで、年金目的消費税に切り替わった年から以降は、全員が保険料を納付したものとして個人の納付記録に接続すればよい。「それでは無年金者は救えない」という逆の批判が生じるが、それは生活保護の課題であり、現行方式と比べて、制度改革後の未納付者をゼロにする点で大きな改善が期待できる。

シルバー民主主義克服への道

今日のシルバー民主主義の最大の弊害は、「増える社会保障費の削減も、またそのための増税のいずれにも反対」という声の高まりの結果、政府の借金が際限なく増えることである。

現行制度でも、消費税は社会保障関係費を賄うためのものとされている。しかし、三二兆円（二〇一六年度予算）の社会保障関係費と比べて、現実の消費税収は一七・二兆円と、その半分強に過ぎず、十分な対応関係がとれているわけではない。現行制度のままでは、年金や医療など個別の項目について、具体的な財源を明記しないままでの増大圧力を防ぐことは政治的に困難となる。

これに対して、公的年金や医療・介護保険の国民負担が、それぞれに対応する消費税率の形で示されれば、「増税なき社会保障の充実」というシルバー民主主義は、その息の根を止められる。社会保障給付の財源が、消費税率の形で明確に示されれば、「増税をしても年金を充実する」か、「増税を避ける代わりに医療・介護サービスの合理化を行う」か、という世論の是非が選挙ごとにはっきりするためである。もっとも、そうなれば「高齢者の圧力で消費税率が際限なく引き上げられる」という懸念や、逆に「消費税率引き上げへの反対から年金や医療・介護費が削減される」という批判もある。しかし、いずれも民主主義政治であればやむを得ない結果であり、少なくとも現行のように「増税反対・福祉の充実」という整合性を欠く公約を掲げる政党の存在余地はなくなる。

年金以上に問題な国民健康保険

実は、基礎年金よりも問題があるのは、高齢者の多くが加入する国民健康保険（国保）である。その保険料の徴収方法は矛盾の塊である。

第一に、国保保険料の算定基礎となる高齢者の年間所得は、サラリーマンの医療保険とは異なり、なぜか公的年金など所得控除（一二〇万円）を除いた額が基準となっており、実質的に同じ所得の非高齢者と比べて保険料が減額されている。第二に、保険者である市町村によって、算定基礎として所得のほかに資産を加える場合とそうでない場合があり、両者の保険料負担額の差はきわめて大きい。第三に、国民年金と同様に保険料の未納付率が増えている。これは見かけ上は一割程度にとどまっているが、特定の個人について継続的な記録が残る国民年金の場合と異なり、別の市町村に移れば国保の未納付記録はすべて消えてしまうため、実態は明らかではない。もっとも医療保険がないから治療を受けられないということはないため、結局、市町村がその費用を肩代わりすることになる。すでに国民健康保険には五割の税財源が投入されており、社会保険として独自財源を維持しているとはいいがたい。

このため、①個人の消費額に応じた公平な負担の確保、②地方自治体ごとで異なる基準の国保保険料の負担格差の是正、③国民健康保険の無保険者をなくし、確実に医療保険料を徴収できる医療目的消費税の導入、が必要である。

現行のような「社会保障費用としての消費税」という曖昧な位置付けでは、「年金よりも現物給付の医療・介護を」という声と、「包括的な所得維持のための年金重視」という声の対立のなかで、選挙時の「負担は少なく、給付は多く」という非整合的な要求を排除できなくなる。それを防ぐためには、公的年金目的のための消費税や、医療・介護保険目的のための消費税というように、細分化した対応関係を設けることで、「年金充実－消費税増税」や、「医療・介護合理化－消費税減税」といった選択肢を国民に問うことが、シルバー民主主義の弊害を防ぐための基本的な手段となる。

資産課税の強化も

日本の所得格差が持続的に拡大している主因は、所得格差の大きな高齢者層が人口全体に占める比率の高まりにある。高齢者の保有する資産の格差は、所得の格差よりも大きいことから、資産課税の強化は、高齢化が進む今後の日本社会ではいっそう重要となる。個人の保有する財産への課税は、固定資産税だけでなく、個人の間の資産の移転に課税する相続税や贈与税がある。今後、高齢者人口の増加は、相続税収の拡大を意味するが、さらに資産課税を増やす余地がある。

ここまで論じてきたように、現行の税・社会保障制度には、シルバー民主主義の弊害がさまざまな形で表れている。公的年金についての所得税制には、豊かな高齢者を優遇するポピュリズムが随所に存在している。これを勤労者と対等な税制とすることで、追加税収分を低所得の高齢者の所得保障の財源に向ければ、高齢者層内部の所得再分配の改善に貢献することとなる。

賃金を主たる原資とした現行の社会保障制度では、減少する勤労者世代にとって持続的な負担増が避けられない。増え続ける高齢者層も生活水準に応じて負担する消費税を、社会保険料に代替する「社会保障目的税」として位置付けることが、社会保障財政の危機的な状況を改善するための第一歩となる。

第7章　医療・介護にシルバー市場を

シルバー市場の可能性

日本の社会保障給付のうち、急激に増えているのが医療・介護保険である。医療保険給付の対象には子どもや勤労者も含まれるが、国民医療費の約六割が六五歳以上に使われており、事実上、公的年金と同様に世代間所得移転の要素が大きい。他方で、所得の移転に過ぎない年金保険と異なり、医療・介護保険で定められた診療報酬・介護報酬（保険者からの償還価格）は、医療・介護サービスの生産活動に大きな影響を及ぼしている。

「公的保険を通じた医療・介護給付の充実を求める一方、自己負担は少なく」という高齢者の矛盾した声に、政治家が迎合することで、公的年金と同様に医療・介護保険収支の財政悪化が生じている。財政悪化を防ぐために、行政は公的保険で定められた診療・介護報酬を低い水準に抑制してきた。他方で、コスト削減に努める民間企業の参入を抑制してきた。このことが、医療・介護サービスの供給不足をもたらしている。医療・介護の官僚統制と結びつくことが、日本のシルバー民主主義のひとつの特徴である。

シルバー民主主義の弊害は、主に政府を介した所得移転の増大を通じて現れる。これを抑制するひとつの手段は、政府が関与する年金や医療への支出を基礎的なサービスの範囲にとどめ、その補完として市場での民間事業者との取引による「シルバー市場」を活用することが基本となる。民間ビジネスによる市場取引であれば、給付と負担の均衡は自動的に保証され、後の世代への負担の先送りは生じないからである。

高齢者を主たる対象とするシルバービジネスが発展すれば、高齢者間での格差が拡大するという懸念がある。しかし、すでに日本の社会保障費の九割超が、中間所得層が主たる受給者である年金・医療・介護保険給付で占められており、その一部がシルバービジネスに代替されるのみである。他方、民間で代替できない高所得層から低所得層への垂直的な所得移転こそが、所得格差の是正に不可欠であるが、比率は一割弱に過ぎない。

しばしば「倒産の危険性のある民間保険よりも、いざとなれば徴税権に裏付けられた公的保険だけの方が安心」といわれる。しかし倒産の可能性がないからこそ、公的保険は財政収支の均衡を維持する規律に乏しく、政府の借金に依存しやすいことは年金の場合と同じである。年金や医療・介護も含め、政府が自ら運営する保険事業の範囲は必要最小限度にとどめる。その上乗せ部分は民間事業者に委ねるとともに、経営の健全さを政府が監督することが官と民との適正な役割分担といえる。

官民の適正な役割分担が発揮されれば、高齢化社会に対応した民間ビジネスが発展する余地が大きい。今後、サービスの質に応じた対価を支払える中・高所得層の高齢者が増加する。とくに現金給付の年金保険と比べて、現物給付中心の医療・介護保険では、これらの層を対象とした高付加価値サービスを中心としたシルバー市場の発展で、新たな生産活動や雇用が生まれる。少子高齢化の進行を活用した幅広い高齢者関連ビジネスの発展が、日本経済の活性化をもたらすカギとなる。

「高齢者の高齢化」で増える医療・介護費用

日本の人口に占める六五歳以上の比率が、二〇一五年の二七％から二〇五〇年には四〇％

図表7-1　高齢者人口の増加見通し

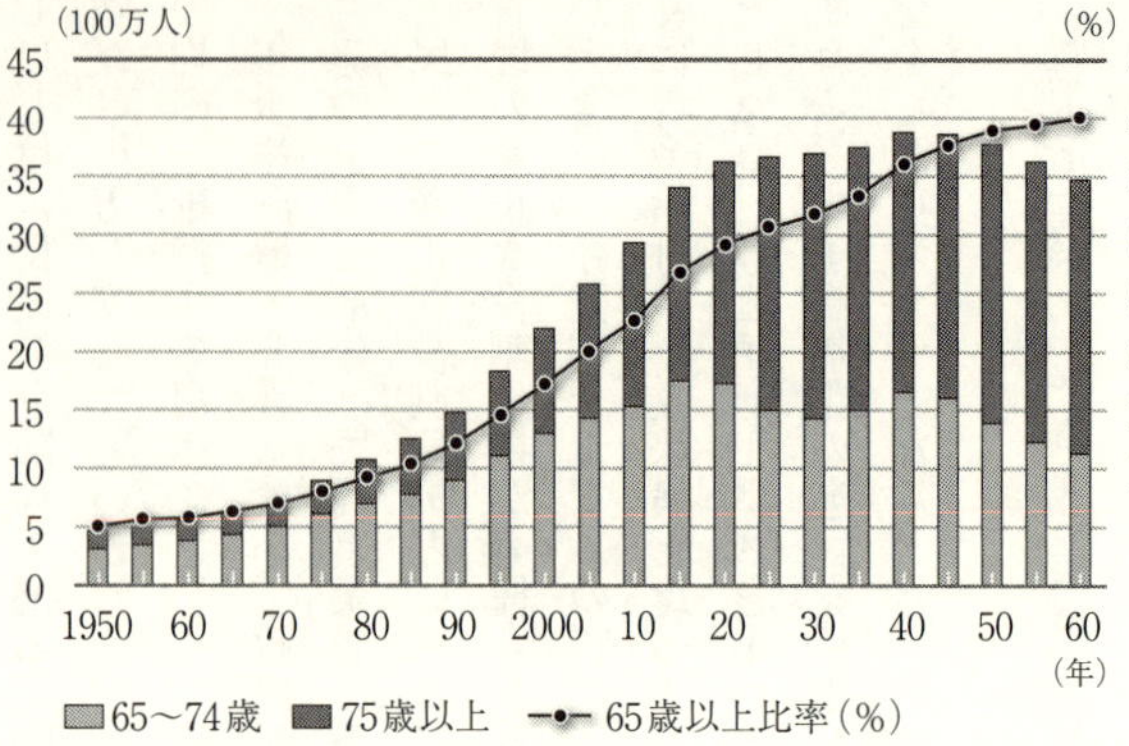

出所）国立社会保障・人口問題研究所（2012）

弱まで急速に高まることはよく知られている。年金問題を考える際にはそれで十分であるが、医療・介護ではその内訳が大事である。相対的に健康で、就労も可能な七四歳以下の高齢者に比べて、七五歳以上の疾病率や要介護比率は高く、医療・介護サービスを必要とする主要な年齢層である。この人口全体に占める比率は、二〇一五年の一七％から、二五年までの一〇年間で五％ポイントも増え、長期的に高齢者層の大部分を占めることが見込まれている（図表7-1）。

厚生労働省による二〇二五年の社会保障給付の中期見通しでも、公的年金が最大の四割のシェアを占めているものの、二〇一〇年からの増加額に占める比率では医療費が約五割となっており、介護給付と合わせると全体の四分の三を占める。医療・介護費用の増加分も、公的年金と同様に国債発行で賄われており、長期的に維持可能ではない。このため政府は、医療・介護保険給付の増加を防ぐために、保険で定められた診療報酬や介護報酬の抑制策を講じている。

しかしその結果、医療機関や介護事業者の主要な収入源が増えず、サービス需要の拡大に見合って必要とされる医療・介護人材を賄えず、慢性的な人手不足に陥っている。高齢化社会で必要とされている基本的なサービスが、供給面の制約で十分に提供できないという状況は、政府が生産活動を統制している社会主義体制に特有の問題である。政府の役割は基礎的な医療・介護サービスの供給を確実に保障することにとどめ、民間事業者が市場経済の下で多様な上乗せサービスを提供するという役割分担が求められる。

オバマケアの意義

米国の国民医療費はＧＤＰの二割近くを占めており、一割程度の日本や欧州と比べて突出した高さとなっている。それにもかかわらず、国民全体をカバーした医療保険制度を長らく欠いており、先進国のうちでは例外的に、五〇〇〇万人もの無保険者が存在していた。この悲惨な状況において、公的医療保険の設立は、歴代の民主党政権の悲願であった。それがようやく実現したものが、二〇一〇年に成立した「オバマケア」である。他の先進国並みの包括的な医療保険制度が米国でようやく誕生した。

もっともこれは日本のように、国が主体となって保険料や給付の基準を定める公的保険制度ではなく、既存の民間の医療保険への加入を国民に義務付けるものである。これに対応して、保険会社にも疾病リスクの高い個人の加入を拒否させない全国的な仕組みを作り上げた。民間保険が主体であるため、日本の市町村が運営する国民健康保険のように、保険料の算定基準に整合性を欠くようなことはない。また、保険料の未納付者の放置や保険財政の赤字を安易に一般会計から補塡《ほてん》するなどという問題も生じない。

これは、自動車の所有者に民間の保険会社への加入を強制する、日本の自動車損害賠償責任保険と同じ考え方である。民間企業の保険収支の均衡原則を活用しつつ、加入の強制で実質的な国民皆保険体制を作り上げる効率的な仕組みといえる。それにもかかわらず、医療保険改革が米国内で不評な背景には、疾病リスクの高い被保険者を加入させるために保険会社へ公的補助が必要となり財政支出が膨らむことや、州政府の医療行政に対する連邦政府の介入への反発といった米国の特殊要因がある。

医療保険給付を抑制するために

民間保険の自律性と政府による強制加入とを組み合わせた米国の医療保険の考え方は、官民の役割分担を明確化したものであり、日本にも適用できる余地が大きい。しかし、それを阻むのが、高齢者に有利な現状の医療保険制度を守ろうとするシルバー民主主義である。

日本では、すでに国民皆保険制度が確立している。しかし、結核など伝染病や急性症が主要な疾患であった時代に形成された仕組みが、生活習慣病が大きな比率を占める今日にもそのままの形で維持されている。このままでは、複数の疾患をもつ高齢者の増加とともに、医療保険給付が増え続けることが予想され、これを防ぐためにさまざまな抑制策が検討されている。

第一に、安易な医療保険の利用を抑制するために、医療費の一定比率を患者が負担するという歯止めが設けられている。しかし、一般の患者の三割負担に対して、受診率のとくに高い七〇歳以上の高齢者に対しては、（月収二八万円以上の収入がある場合を除き）二割負担と逆に優遇されている。患者の自己負担率の抑制が低所得者に配慮したものなら、高齢者以外の貧困者が除外される根拠はない。シルバー民主主義の典型例といえる。

第二に、米国の医療保険では一定額以下の診療費には医療保険が適用されない免責制度がある。これは、医療保険が多額の治療費を要する疾病のリスクに対応するものと考えられているからである。しかし日本では高齢者の強い反発を受けることから、低額の医療費もすべて医療保険の対象となる。日本の医療保険は、一般の薬局で販売されている風邪薬などの安価な医薬品にも際限なく適用され、時間に余裕のある高齢者は軽微な疾病についても保険を活用して医薬品を購入できる。

混合診療

第三に、すべての診療費を公的保険で賄うのではなく、一定の範囲内で自費（民間保険を含む）と組み合わせる「混合診療」の活用である。これは医療保険の対象となる診療行為について、公的保険と民間保険などを併用するものであるが、あらかじめ定められた一部の内容以外は原則として禁止されている。これは公的保険内で、保険外診療費を支払える患者と支払えない患者との平等性を確保するという建て前に基づいている。

しかし、混合診療禁止の規定により、例えば癌の治療で公的保険の対象外の新薬や新技術を患者が希望した場合には、それに直接必要な費用だけでなく、もともと公的保険でカバーされていたはずの他の診療費もすべて患者の自己負担となる。この公的保険の実質的な「不払い行為」は、特定の新薬の費用だけなら払えた患者の選択肢を狭めることになる。また、そのため、最新の医療技術の恩恵を受けられるのは、保険診療費も含めた医療費全体を負担できる一部の高所得層に限定されることになる。このように考えれば、混合診療の禁止が所得水準に差のある患者間の公平性の観点から必要という論理は、必ずしも成り立たない。

「混合診療の禁止」は、医療法には明確な形で規定されていないにもかかわらず、幅広く支持されている。このひとつの要因として、混合診療が容認された場合、政府がそれを公的保険の範囲を制限する手段として利用するおそれがあることが指摘される。現行制度でも、一定の範囲で「保険外併用療養費（実質的な混合診療）」が容認されている。このうち、新しい技術が主体の先進医療などでは、その医療効果が明らかになれば、いずれは公的保険の対象に含めるという暗黙の了解がある。しかし、仮にその原則が崩れて、公的医療費の抑制に用いられれば、医療保険をもっとも活用している高齢者層が、それだけ大きな影響を受けることになる。このため、可能性を少しでも事前に摘み取りたいという政治的な意図が見られる。

しかし、「命にかかわる医療費には一切の制限を設けられない」と思考停止してしまっては、財政状況がさらに悪化した際に、公的医療の制限から長い待ち行列が生じるなどして、国民皆保険体制が実質的に崩れてしまう。あらかじめ一人当たりの給付額がほぼ確定している公的年金と異なり、医療保険の給付は医療技術の進歩によって際限なく拡大する可能性があるためだ。医療財源の制約を前提に、最適な医療資源の配分を考えるには、公的医療保険と保険外診療の対象となる境界線の定め方について、医療の専門家の間での議論を深める必要性がある。

例えば、不特定多数の患者を想定した一般的な医薬品と比べて、個々の患者ごとの体質に配慮したオーダーメイドの診療を可能とする遺伝子治療は、その効果が大きい半面、コストも著しく高い。また、臓器が機械の部品のように製造され、自由に取り替えられる移植技術が可能となった場合も同様であり、いずれも公的保険の対象外とすべきという提案もある（坪井2001）。また、感染症や急性症と異なり、日常生活の延長である介護サービスに近い医療行為については、医療保険ではなく介護保険の対象とするとともに、保険給付としては一定の範囲内で抑制し、後は個人の自由な購入に委ねるという考え方もある（池上2010）。

家庭医の門番機能

現行の「出来高払い」の診療報酬の下では、医師の診断、検査、治療等の行為ごとに、そ

図表7－2　OECD主要国の医療指標（2013年または最新年）

	医師訪問回数（1人当たり、年間）	MRI機器数（1000人当たり）	CTスキャン機器数（1000人当たり）	医薬品購入額（1人当たり、ドル）	病院滞在日数（日）
日本	12.9	46.9	101.3	756	17.2
オーストラリア	7.1	13.4	55.9	590	5.7
カナダ	7.7	8.8	14.7	761	7.6
フランス	6.4	9.4	14.5	622	5.6
ドイツ	9.9	11.6	18.7	678	9.1
イタリア	6.8	24.6	33.3	572	7.7
英国	5.0	6.1	8.1	367	7.0
米国	4.0	35.5	41.0	1034	4.8
OECD平均	6.7	14.3	24.6	527	7.3

出所）OECD, *Health data*, 2015

れぞれ報酬が支払われる。このため患者が頻繁に医療機関を訪れて医療費が増えるほど、それに比例して医療機関の収入が増える仕組みとなっている。これが、先進国のうち、日本の患者が医療機関で診察を受ける頻度や、ＭＲＩやＣＴスキャンのような高価な検査機器の普及率が際立って高いことにつながっている。また、病院の平均滞在日数が他の先進国の倍以上の水準にあることは、病院が介護施設の代用となっていることを反映している（図表7－2）。これらの指標を国際的に比較すれば、日本で医療資源が乱用されていることが明瞭となるが、その主たる利用者は、病院や診療所での長い待ち時間を厭《いと》わない高齢者である。

　現状を改善するためには、他の先進国で幅広く導入されている、患者の医療機関へのフリーアクセス制限が有効である。救急患者を除き、すべての患者は、あらかじめ登録した家庭医の診察を受け、そこでの判断に基づき、他の専門医や高度機能病院への紹介を受ける仕組みである。そうすれば日本のように、例えば東大病院の医師が、外来患者の風邪の診断や治療を行うということはなく、高度な診療に特化する病院と一般の診療所との適切な役割分担が実現する。しかし、家庭医の門番(ゲートキーパー)機能に対しては、高齢者による医療機関の選択の自由を妨げるという批判が多く、実現していない。

もっとも、日本のように、医療についての知識を欠く患者が、自ら受診すべき診療科を判断して受診する行為にはリスクが大きい。また、患者が来れば、診療・検査・投薬がワンセットの出来高払いとなる診療報酬の下では、診療科ごとに検査や投薬の重複が生じ、医療費の無駄の原因ともなる。患者にとっても望ましいことではなく、財政的な負担も大きくなる。この日本の医療改革を阻む大きな要因となっている、医療のシルバー民主主義を改革する余地は十分にある。

欧州やカナダ、オーストラリアなどでは、医師数に占める家庭医の比率は三割以上となっている。家庭医は、あらかじめ登録した患者に対応し、救急の場合を除き、診療分野を問わず最初に診断する医師である。また、日常的に地域住民の疾病予防に努め、必要に応じて病院や診療所の専門医と連携し、患者が治癒した後も経過を見守って再発しないよう配慮する大きな役割を担っている（葛西２０１３）。このように、患者の臓器別ではなく、患者自体の精神状態も含めて診る家庭医は、今後、高齢者が増える日本では不可欠の存在となる。それにもかかわらず、多くの先進国では常識である家庭医が、日本では一向に実現されなかった。

大きな理由としては、他の先進国の家庭医については、登録した住民の数に比例した人頭払い方式が一般的なことがある。そのため、日本の伝統的な出来高払い方式が損なわれるのではないかという懸念が医療関係者の間で生じた。ただし最近になって、高齢化に対応した地域包括ケアに重点が置かれるとともに、そのカギとなる家庭医の役割が再認識されるようになった。

もっとも、家庭医は日本にはほとんど存在せず、小児科を除けば、いずれも臓器別の治療に重点を置く専門医ばかりである。このため既存の医師に対して、患者の健康を日常的に把握して治療などに当たる「かかりつけ医」化を推進するため、小児科などの分野で診療報酬を加算する案などが盛りこまれた。しかし、日本型かかりつけ医は診療科ごとに設けられる可能性が大きい。それでは特定の医師ないしチームが、一人の患者についての包括的な情報を共有して、その健康を維持する、本来の家庭医機能との隔たりが依然大きい。高齢者が増えるなかで、日本の優れた皆保険制度を維持することは、高齢者層の最大の関心事でもある。そのために必要な制度改革の内容が共通認識となれば、シルバー民主主義と必ずしも矛盾するわけではない。

介護保険制度の限界

要介護の認定を受けた者の比率は年齢とともに高まり、七〇歳代前半で六%だが、七〇歳代後半では一四%に急増する。こうした状況に対応するため、シルバー民主主義の後押しもあり、二〇〇〇年に介護保険制度が設立された。従来の高齢者政策では、高齢者の介護は原則として家族の役割であり、家族の介護を受けられない一部の高齢者のために福祉が必要とされており、まさに政策の大転換であった。また、介護施設が慢性的に不足しているため、病院がその代用とされる「社会的入院」の解消により、医療費の抑制を図る狙いもあった。

介護保険はもっとも新しい社会保険であり、医療保険と比べていくつもの長所がある。第一に、要介護認定の結果により、あらかじめ利用可能な介護報酬の上限が定められていることである。その範囲内で多様な介護サービスを組み合わせることができる。第二に、医療保険では混合診療が原則禁止であることに対して、量的な面での「混合介護」は原則自由である。例えば介護報酬で定められた週二回のホームヘルパーの利用を、自己負担で三～四回に増やすことができる。第三に、介護サービス事業者として民間企業が自由に参入でき、在宅介護サービスの充実が図られている。

一方で、改善すべき点も多い。例えば、介護報酬で定められた介護サービスの償還価格を上回る価格で、平均よりも質の高いサービスを提供するという、質的な面での「混合介護」は、行政により禁止されている。介護保険法には一切明記されていないにもかかわらず、「しても良いと法律に書いていなければ禁止」という、旧社会主義国と同じルールがまかり通っている。これは「公平であるべき介護の世界に格差をもたらす」という福祉の思想に基づくものである。

しかし専門的なサービス業では、多様な質のサービスを提供し、それにふさわしい対価を得るビジネスモデルが基本である。介護保険と対になる福祉の基礎構造改革において、介護の世界に企業の全面的な参入を容認したことは、事業者の創意と工夫による多様な質のサービス提供を暗黙の前提としていたはずである。かつての「高齢者福祉」の時代のように、「高齢者は一律に貧しい」という前提の画一的なサービスに固執するシルバー民主主義の論理であり、高齢者の多様なサービス需要に反するものとなる。

介護労働者の報酬を上げるために

働き盛りのサラリーマンが、親の介護のために仕事を辞めなければならなくなる介護離職は、本人にとっても企業にとっても大きな損失となる。介護による働き手の離職を防ぐことは、アベノミクスのひとつの柱にも挙げられている。これと密接に関連している問題が、介護労働者の離職であり、とくに小規模な訪問介護の分野で慢性的に生じている。今後、要介護者は増える一方であるにもかかわらず、保険財政の逼迫《ひっぱく》から介護報酬が抑制され続けて、介護労働者の報酬が増えなければ、介護労働力の需給にミスマッチが生じるのは必然である。

この背景には、「介護サービスは医療と同様、画一的に提供されなければならない」という、福祉時代からの名残りがある。介護を福祉ではなく市場サービスと考えれば、標準よりも質の高いサービスを提供できる事業者については、介護報酬で定められた以上の金額を請求できる。これを容認すれば、介護労働者の報酬増加に結びつけることができる。

二〇〇〇年の公的介護保険設立時に議論されたものの、実現には至らなかった手法として、利用者による介護労働者の「指名料」というアイディアがあった。「指名料」を導入することで、利用者の満足度の高まりや介護事業者の人手不足の解消とともに、労働者のサービスの質を向上させるインセンティブとなることが期待された。

これに対して、指名料を受け取れる介護労働者の基準を公的に定めることが困難だ、という批判がある。しかし、そうした考え方自体が、お上が介護サービスの質を判断しなければならないという、画一的な統制経済の思想である。何が質の高い介護サービスかは、通常の市場で提供される他のサービスと同様に、個々の利用者の判断に委ねればよい。

また、事業者がすべての介護サービスに指名料を求めれば、利用者の負担増となるという見方もある。しかし、市場への参入が自由な介護サービス分野で、事業者がカルテルを結ぶことはきわめて困難である。それでも心配であれば、すべての事業者に、一定の範囲で手数料なしの介護サービスを供給するよう義務付けることも考えられる。

急速に需要が増える介護サービス市場の健全な発展を促すためには、民間事業者主体のサービスを原則にするとともに、事業者間の対等な競争関係を保持し、利用者を保護するための適切な監督体制を維持する必要がある。シルバー市場が発展するほど、シルバー民主主義に左右される政府の事業に代替し、活力ある高齢化社会が実現できる。

医療・介護分野における企業の活用

医療や介護サービスの担い手は、医療法人や社会福祉法人などの非営利事業者が主体となってきた。利益を追求する株式会社による病院や診療所の経営は、原則として禁止されている。特別養護老人ホームのような介護施設も同様である。事業者が利益を追求すれば、そのためにサービスの質が低下し、利用者に実害が及ぶという考え方である。しかし、事業者が利益を追求しなければ、サービスの質が高くなるという保証もない。公営や非営利事業者のモラルに全面的に依存した病院や介護施設の経営が望ましいという非営利至上主義の思想は、サービスの質を問わない時代の産物である。むしろ今後のシルバー市場の発展を妨げるリスクが大きい。

市場経済の基本は、企業が利益を得るためには、お客によって選ばれなければならないということであり、利用者本位のメカニズムを構築することで、個別企業の利益を社会的な利益と一致させることである。そのためには、ルールを破った企業を速やかに市場から退出させる仕組みが不可欠となる。また、医療・介護分野では、事業者のサービスの質の評価がとくに重要である。このためには、外部評価だけでなく、全国的なネットワークによるコーポレートブランドの構築が効果的となる。例えば、全国的に展開しているコンビニエンス・ストアは、どの店でも同じ質のサービスを提供することを売り物にしている。一ヵ所でも食中毒などの事故があれば、そのダメージは全国の店に影響を及ぼすことから、事故の防止に多くの費用がかけられる。こうしたメカニズムは、コンビニよりも病院や介護施設でより求められる。

大規模な病院・診療所のネットワークが存在していれば、一ヵ所で生じた院内感染や患者の取り違えなどの基礎的なミスがグループ全体に大きな損失を与える。事業者はそうしたことが生じないよう、事故防止に全力を傾けることになる。これは介護施設も同様であり、介護士の訓練により多くのコストをかける事業者の意欲が高められる。こうしたネットワークには資本提携が必要であり、それには多くの資本を集められる株式会社の形態が前提となる。

利益を追求する株式会社病院を好まないのは利用者の自由であるが、それを法律で一律に禁止したり、税制や補助金の面で格差をつけることは、既存の事業者保護であり、利用者の選択の自由を損ねる。これは中小企業保護と同様である。企業と社会福祉法人が対等な立場で競争できる市場の形成が、高齢化社会で健全な医療・介護ビジネスが発達するためのカギとなる。

第8章 企業内のシルバー民主主義

現行の雇用慣行の矛盾

日本の大企業で顕著な長期雇用保障や年功賃金などの雇用慣行は、公的年金制度と対の関係にあり、中高年労働者を一律に優遇する「企業内のシルバー民主主義」といえる。個人の年齢とともに賃金が上昇する年功賃金制度は、長期間勤続してきた企業への忠誠心への見返りや、家族を養うための生活給とされており、また、誰しも平等に年齢を重ねる以上、公平な仕組みと見なされている。

しかし、ピラミッド型の年齢構成が急速に崩れ、今後、高年齢者が増える逆ピラミッド型に向かう人口構造の下で、企業は高齢者ほど高くなる賃金制度を維持することはできない。今後、若年労働者が年齢を重ねても、現在の高年齢労働者が受け取っているような高い賃金を得られる可能性は乏しい。現行の年功賃金は、高齢化が進む日本の労働市場の下では、生涯賃金ベースで世代間の格差をもたらすことから、公的年金制度と共通した面がある。

現在の雇用慣行は、伝統的な日本文化に基づくものといわれる。しかし、職人を中心とした戦前の労働市場は、公務員や一部の大企業などの労働者を例外として、職種別の流動的なものであり、現在の欧米の労働市場と大きな違いはなかった（岡崎・奥野1993）。現行の雇用慣行は、戦後の高度成長期に、企業が熟練労働者を囲い込むために賃金の長期的な上昇を約束したことで成立したものである。また、相対的に少人数の中高年労働者が多くの若年労働者を訓練することが暗黙の前提だった、当時の年齢別の労働力の需給関係を反映していた（八代1997）。多くの勤労世代の社会保険料で、少数の高齢者の年金給付を賄うことを暗黙の前提としていた賦課方式の年金制度と共通した点が多い。

製造業が労働市場の中心であった時代の高齢者層は、六〇歳代に入ると体力の衰えが生産能力の低下に直結し、引退して家族によって支えられなければならない「弱者」であった。しかし、サービス業が大部分を占める現在の産業構造では個人の仕事能力差は大きく、年齢に基づいて個人の仕事能力を判断することは妥当ではない。

日本の雇用慣行や年金制度は、いずれも、それらが創設された当時の経済社会環境では合理的な仕組みであったものの、一九九〇年代以降の低成長の持続と少子高齢化の進展という、従来と正反対の経済状況の下で矛盾が高まっている。それにもかかわらず、労働者出身が大部分の経営陣と年功昇進の労働組合幹部との円満な労使関係などの成功体験から、抜本的な改革が先送りされているという点でも共通している。

年功賃金カーブの格差

長期雇用保障や年功賃金を大きな柱とする日本の雇用慣行は、効率性の面ではともかく、労働者間では公平な仕組みという通念がある。しかし、それは閉鎖的な企業内の労働市場についてのものであり、企業内と企業外の労働市場の間では、大きな賃金格差をもたらしている。

年功賃金制度は、平均的な賃金水準が労働者の年齢や勤続年数に比例して高まるというだけでなく、同一年齢の労働者間の賃金格差が持続的に広がっていく仕組みでもある。年功賃金の上昇カーブは、大企業と中小企業、大学卒と高校卒、男性社員と女性社員、正社員と非正社員など、労働者の属性や働き方で大きく異なる。このため、年齢にかかわらず、職種ごとに同一労働・同一賃金原則が成立している欧米の労働市場と異なり、企業別に分断された日本の労働市場における賃金格差の実態は、「年功賃金カーブの格差」であることが重要な点である。

正社員と非正社員との賃金格差を縮めるために、同一労働・同一賃金の法制化を実現するという提案がある。しかし、これは年功賃金を聖域としたままでは、およそ実現性のない「絵に描いた餅《もち》」に過ぎない。非正社員に年功賃金を適用するとしても、契約期間が限られていれば、正社員との賃金格差は埋められないからだ。また、「同一労働」とは特定の職種について判断できるもので、個々の職種にとらわれずに働く正社員に適用するのは困難である。非正社員は、もともと特定の職種について雇用される契約社員であり、欧米と同じ職種別労働市場に属している。類似の業務を行う正社員と非正社員の賃金格差を埋めるために変わらなければならないのは、正社員の働き方の方である。

高齢者が人口の大きな比率を占めるとともに、組織の持続的な拡大が望めない今後の日本では、新卒者を大量に採用して勤続年数に応じた処遇を行う、現在の大企業に典型的な「企業内の雇用慣行」には限界がある。個人の年齢を問わず、特定の職種についての仕事能力で処遇する「市場型」の働き方と共存する必要がある。また今後は、高度情報サービス業の比重が高まり、労働者に求められる技能が急速に変化する可能性が大きい。新卒採用時から長期にわたって雇用を一律に保障し、定年年齢で一律に解雇する従来の製造業型の働き方が、人材の活用を妨げている面がある。

この点、欧米の高齢者団体の運動目標のひとつが、社会における「年齢差別の撤廃」であり、働く意欲と能力をもつ高齢者が何歳でも働き続けられる労働市場の形成であったことには大きな意義がある。働く意欲のある高齢者の利益になるだけでなく、人口減少社会で貴重な高齢者の労働力を活用することで、勤労世代の負担を軽減するという社会的な利益にも貢献する。これは年金給付の引き上げ要求などとは異なる「建設的なシルバー民主主義」といえる。

高齢者の働き方の実情

日本の五五〜六四歳の男性高齢者の就業率は、八〇%で長期的に安定している（図表8-1上）。これを他の先進国と比較すれば、七〇%台の米国、英国、オーストラリアや、五〇%台のフランス、イタリアと比べて、きわめて高い水準にある。このうち、六〇〜六四歳男性

図表８－１　高齢者の就業率

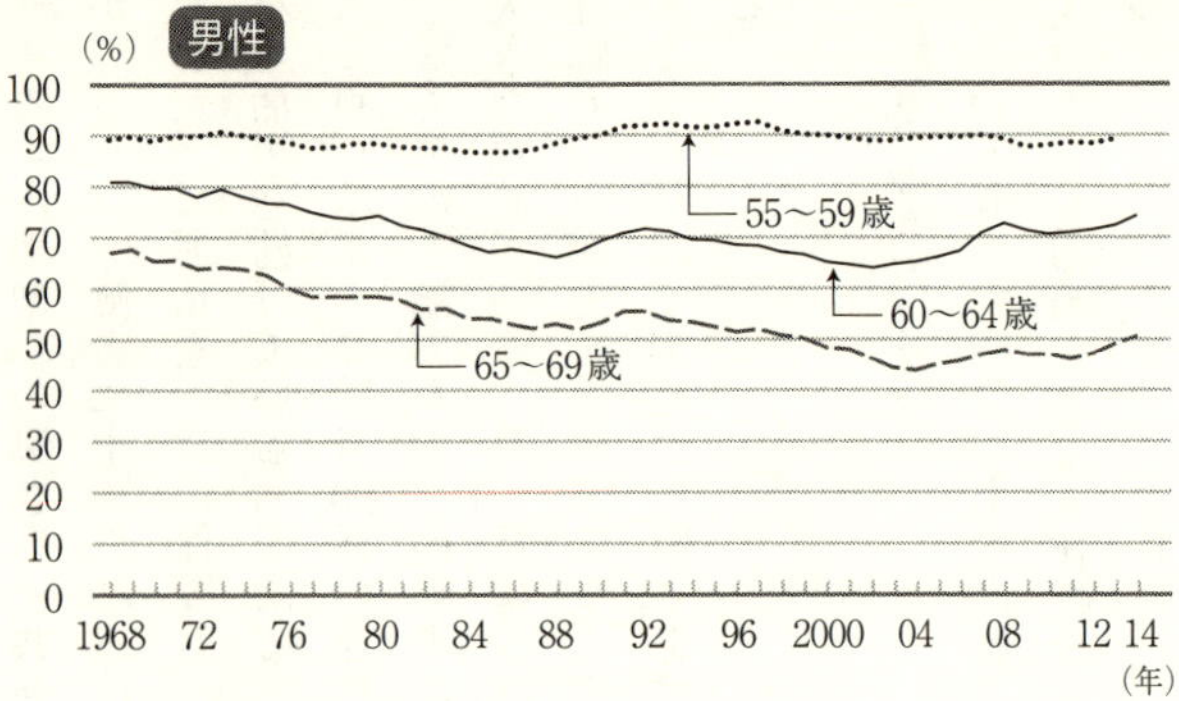

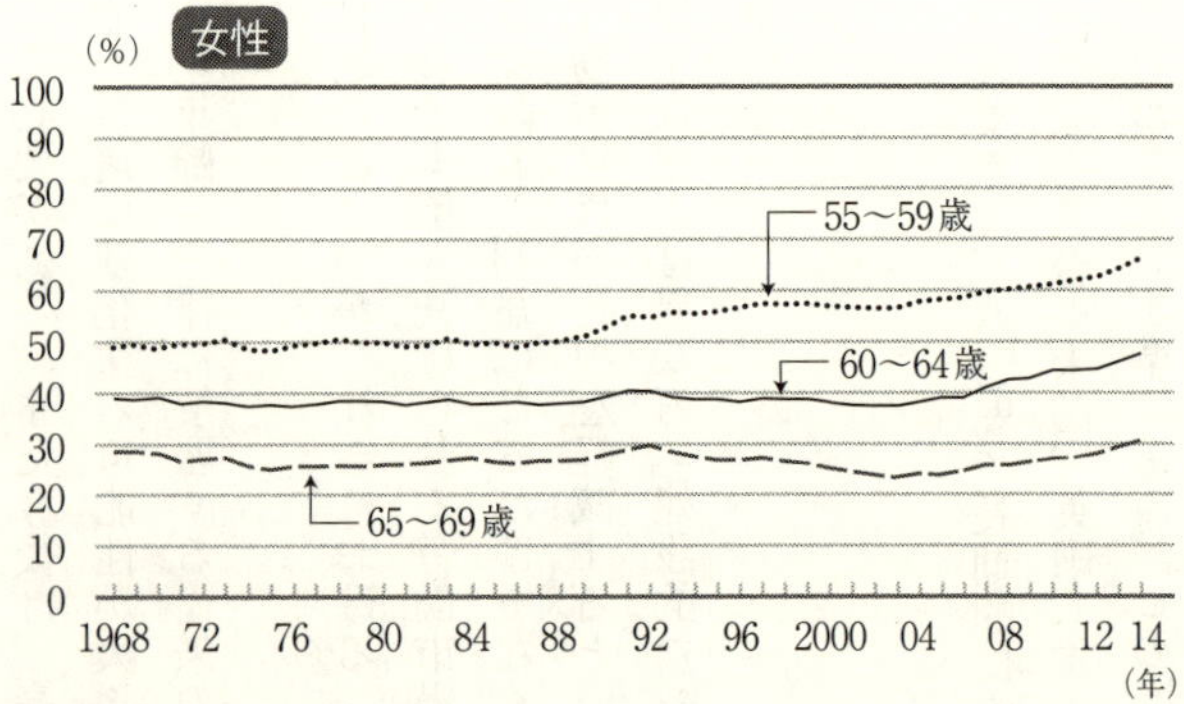

注）2011年は震災補正値
出所）総務省「労働力調査」（2015）

の就業率は、年齢にかかわらず働ける自営業の比率の低下などから長期的に低下傾向にあったが、二〇〇〇年以降は逆に高まっており、六五～六九歳層でも五〇%台の水準にとどまっている。この背景には、厚生年金の支給開始年齢の六〇歳から六五歳への引き上げや、定年退職後の高齢者の継続雇用を義務付ける高齢者雇用安定法の改正（二〇〇四年）などが影響していると見られる。

これに対して高齢女性の就業率は、欧米諸国と同様に、教育水準の高まりや仕事経験者の増加の下、一九九〇年代から徐々に高まっているものの、男性との差は依然大きい（図表8-1下）。これまで女性の活用としては、子育て期の年齢層の就業促進に重点が置かれてきた。しかし年齢別の人口の厚みで見れば、中高年女性の方がはるかに大きな潜在力を秘めている。子育てと仕事との両立期を乗り切った年齢層では、次に親世代の介護との両立が大きな壁となっている。男女にかかわらず「介護離職の防止」という政策目標は重要な意味をもっている。

もっとも、高齢者の働き方は定年の前後で大きく変化する。男性について、五〇歳代後半期でも一四%に過ぎなかった非正社員比率が、六〇歳代前半期で五七%、後半期では七四%と大きく跳ね上がり、もともと高かった女性の水準とほぼ等しくなる（図表8-2）。非正規

図表８－２　高齢者の年齢別「非正社員」比率

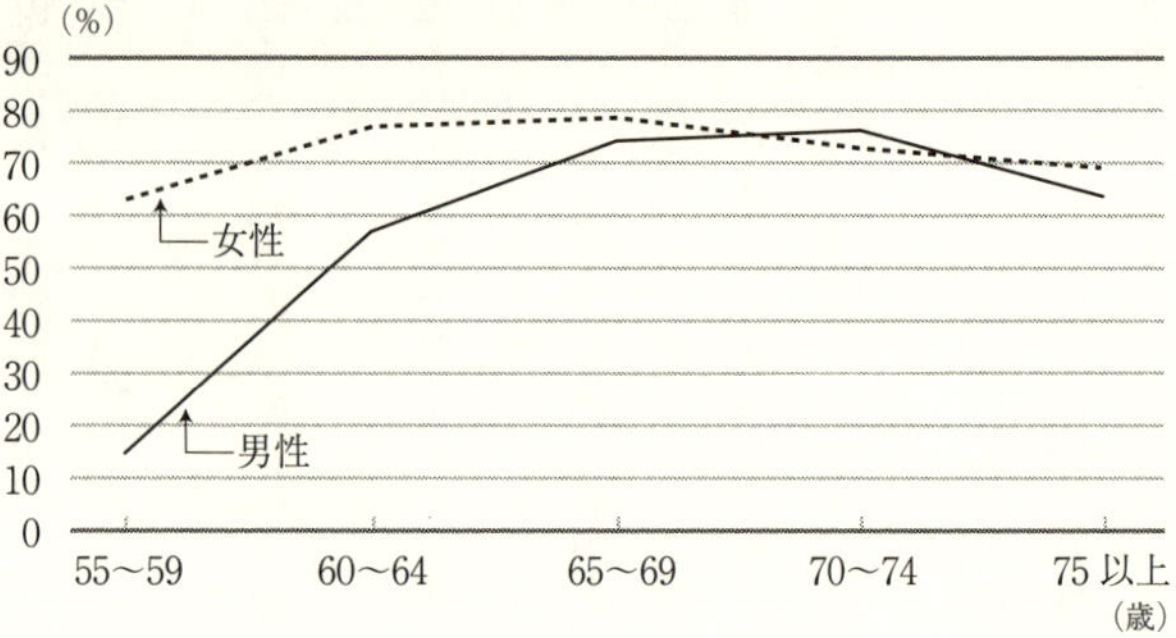

出所）総務省「就業構造基本調査」(2014)

の働き方の内訳を六〇～六四歳層について見ると、定年退職者の四分の三が単年度の雇用契約の嘱託社員として、六五歳までの継続雇用の扱いを受けている。このため団塊世代の定年退職者が増えるとともに、再雇用される非正社員の数も増える。その結果、労働者全体に占める非正社員比率は現状の四割の水準を超え、さらに高まることが見込まれる。

また、これに先立ち、多くの大企業では、定年退職前の五五歳に管理職から外れる「役職定年制」が設けられている。これは五五歳定年制の六〇歳への延長を、法律で定められたことへの企業の対応策であった。しかし、もともと管理職としてふさわしい者が登用されていたとすれば、五五歳でそのポストから一律に外されることは合理的ではない。これは企業内労働市場で、もっとも重要な役割を果たすべき管理職が、具体的な仕事能力と結びついた「職種」ではなく、労働者の「処遇」のためのポストと化しているためである。労働者の処遇を金銭ではなく職場のポストの配分で行う、職場でのシルバー民主主義は、管理職年齢にあたる高年齢者の増加とともに、企業内の人材の効率的な配置との矛盾がいっそう深まることになる。

長期雇用保障の下で、管理職への年功昇進と、それと密接不可分な定年退職制という年齢差別を放置したまま、政府の規制が変わるごとに場当たり的な対応を続けていることが、大企業の人事管理の現実である。年齢とともに個人の仕事能力の差は拡大するにもかかわらず、画一的な昇進と定年退職制を維持することのコストは、六〇歳以上の人口が大幅に増える社会では、いっそう大きなものとなる。

「年齢による差別」とは何か

日本では、「雇用対策法」（一九六六年）で、労働者に均等に働く機会が与えられるよう、募集・採用における年齢制限の禁止を義務付けている。しかし、一定の年齢で退職を強制される定年制については、欧米諸国のような「年齢による差別」とした禁止規定は設けていない。日本で欧米のように年齢差別禁止を求める「健全なシルバー民主主義」が盛り上がらなかった背景としては、定年がそれまでの雇用保障とセットになっていたことがある。高齢者を優遇する雇用慣行自体が、その差別の要因となるというコインの裏表の関係にある。

日本の労働市場では、どのような職種でも限定せずに働く代わりに、長期の雇用関係を保障される働き方が一般的である。欧米の労働市場のように、特定の職種に就く雇用契約ではなく、特定の企業内の業務であれば何でも行う包括的な契約に基づく。これが過去のピラミッド型年齢構成を前提とし、年齢や勤続年数に比例した昇進・賃金と密接に結びつくことで、結果的に高齢労働者を優遇する仕組みとなっている。若年労働者が多数を占め、高齢労働者が希少であった高度成長期から急速に変化し、労働市場の高齢化が進展している今日では、多くの矛盾が生じている。

これは定年退職時だけでなく、中高年労働者の過剰問題にも現れる。欧米の雇用問題が主として未熟練の若年者の高失業であることに対して、日本では熟練中高年が雇用調整の主たる対象となる（濱口2014）。この雇用問題の違いの要因も仕事能力とかけ離れた年功賃金であり、高齢者にとって有利過ぎる賃金制度が、逆にその雇用機会を制約している。それにもかかわらず、高齢労働者の目先の既得権に配慮し改革が進まない。政治面のシルバー民主主義と瓜二つ《うりふた》である。

米国では一九六〇年代から、同じ仕事能力をもつ雇用者を、単に一定の年齢に達したことだけを理由に解雇することは、年齢による差別として禁止されている。また欧州でも、より緩やかな基準ではあるが、ほぼ同じ趣旨のＥＵ指令が出されている。これに対して日本では、一九九四年に「高年齢者雇用安定法」が改正され、企業に対して六〇歳未満の定年制が禁止された。その後も改正され、現在は希望者全員に六五歳までの雇用継続義務を定めている。

欧米諸国と比べて日本では、定年制について「差別」というより、むしろ誰にでも平等に適用される「公平な制度」というイメージがある。年功賃金は、年齢に伴って高まる生計費を保証する生活給であり、経営者のパターナリズムを反映したものといわれる。しかしその結果、年齢とともに仕事能力に見合った報酬体系からかけ離れるため、どこかの段階で清算する必要がある。定年退職制はそのための手段として不可欠となる。

とくに大企業の場合には、六〇歳時点という早期の定年退職が一般的となっている。定年退職とは、定年までの雇用保障と年功昇進・賃金という「特権」のタイムリミットであり、「後進に道を譲る」というポジティブな表現にも裏付けられている。また、年功賃金は公平な仕組みであり、これに反する成果主義を導入すると、労働者のストレスを高め、企業にとってむしろコスト高になるという見方もある。

図表８－３　企業規模別の定年制の現状（2013年）

	定年制のある企業		定年制を定めていない（%）
	うち60歳（%）	うち65歳（%）	
1000人以上	92.2	5.4	0.4
300～999人	90.5	6.8	0.5
100～299人	87.2	9.7	2.3
30～99人	79.1	18.3	7.9

出所）厚生労働省「就労条件総合調査」（2014）

しかし、企業内で訓練途上の若年者に比べて、中高齢労働者になるほど、仕事能力のばらつきは大きくなる。それにもかかわらず、年功的な昇進や賃金と、その帰結である定年退職制の下では、企業にとって必要な人材もそうでない労働者も一律に解雇せざるを得なくなる。

このように賃金が高く、働く条件の良い大企業ほど、六〇歳での強制退職制が堅持されているという矛盾は、「高齢の労働者が優遇されるほど、早く辞めてもらわなければならない」という、年齢による差別の特徴をよく示しているものといえる。他方で、多くの中小企業では、もともと労働者の離職率が高く、年功カーブも緩やかなことから、年齢に基づく解雇の必要性は小さい。このため定年制はあっても六五歳以上か、設けていない場合も多い（図表８－３）。高齢化社会では、大企業よりも中小企業の働き方を標準とする必要がある（清家２０１３）。

年功賃金は事実上の企業内年金制度

年功賃金は、サラリーマンが結婚し、子どもが生まれ、成長して学校に入り、という標準的なライフサイクルにおける家計の費用増加を賄うための生活給として、理解されている場合が多い。しかし企業から見れば、パターナリズムだけではなく、自らの費用による教育訓練の成果を持ち逃げされないよう、労働者を企業内に「閉じ込める」ための仕組みともいえる。労働者を企業内にとどめるためには、長期雇用保障だけでは不十分であり、「途中で企業を辞めると損をする」インセンティブをもたせる必要がある。年功賃金では、二〇歳から六〇歳までの四〇年間の就労期の前半期は、労働者の企業への貢献以下の報酬で働き、後半期は企業への貢献以上の報酬と退職金を受け取ることで埋め合わせする。「(生涯を通じた)賃金の後払い」という、包括的な雇用契約といえる。

労働者の企業への貢献分と報酬とのギャップのひとつの解釈として、労働者の生涯の前半期には賃金の一部を教育訓練の「授業料」として企業に支払い、後半期にはその成果を企業からの「給付」として受け取ると考えれば、企業内の年金制度と類似の機能を果たすことになる。この暗黙の「企業年金」は、企業の外には持ち出せず、企業が倒産すれば価値はゼロになる。しかし企業が成長して高い利益を上げ、それを高賃金の形で労働者に還元すれば、その給付額は過去に支払った「保険料」の何倍もの価値になる可能性がある。

この点で、長期雇用保障と年功賃金の組み合わせは、企業が熟練労働者を抱え込むための手段だけでなく、労働者が自らの企業に「出資」することで、事実上の「株券をもたない株主」となることを意味する。この「株主としての労働者」の利益を守るのが企業別労働組合であり、企業と労働者は長期にわたる利益共同体となる（八代1997）。したがって、欧米の労働組合のように、企業の利益を損なうストライキなどは論外であり、労働者が懸命に働いて企業が利益を上げるほど、それが労働者に還元される利益配分メカニズムが働いている。この労使協調路線が、戦後の日本企業が世界で大きな成果を上げたビジネスモデルの一部であった。

しかし、この「事実上の企業年金」の仕組みは、公的年金と同じ「賦課方式」である。企業内の年金制度から給付を受ける高齢労働者が増え、保険料を負担する若年労働者が減れば、若年者の一人当たりの保険料は増え、現在の若年者の将来の給付額は、現在の高齢者が受給できる水準よりも少なくなる。こうして年功賃金では、公的年金制度と同じ「世代間の負担と給付の格差」が発生する。

年功賃金制度は、労働者にとって無条件で望ましいものではない。公的年金制度と同様に、ピラミッド型の年齢構造の下では、高齢者にとって有利な仕組みであった。しかし、人口比が逆転すれば、むしろ将来の高齢者にとって不利な仕組みとなる。また、仮に企業が倒産すれば出資分がすべて失われる、リスクの高い投資でもある。高齢化社会の賃金制度は、個々の職種に対応した職務給を主体とする方がより安定的である。また、社員の転職を防ぐためには、企業外の金融機関の口座に労働者が積み立てる金融資産に企業も拠出する企業年金の方が、労働者にとっても安全な資産となる。

すでに若年労働者は、年功賃金に大きな期待をもっていない。このことは、一九九八年に松下電器が「(労働者の生涯を通じた)後払い賃金」の一部である退職金の代わりに、毎年の給与に上乗せして給付する「退職金の先払い」を選択制として導入した際に、若年労働者の過半数がそれを希望したことにも反映されている。

それにもかかわらず、毎年の春闘で、ベースアップ(賃金水準の一律引き上げ)よりも「定期昇給(年功賃金)」を最優先とする労働組合の運動方針は、企業内の労働者の年齢構成が逆ピラミッド型へと移行するなかで、若年者よりも中高齢労働者の既得権を守る、企業内のシルバー民主主義の一例といえる。

高年齢者雇用安定法の矛盾

日本人の平均寿命が伸長するなかで、厚生年金の支給開始年齢が二〇二五年に六五歳まで引き上げられる予定である。このため、年金を受給できる年齢まで、企業が何らかの形で高齢者の雇用を保障することが、高年齢者雇用安定法で定められている。しかし、高齢労働者は若年者などと比べて、仕事能力に大きな差がある年齢層である。それにもかかわらず、例えば六〇歳という一定の定年年齢で一律に解雇し、その後、一年契約の非正社員として一律に再雇用することは、企業内の人材の効率的な活用とは相容《あいい》れない。今後、高齢労働者が持続的に増える社会では、多様な仕事能力の中身についての適切な評価と、それに応じた活用を図ることが、企業や政府にとって不可欠な政策となる。

高年齢者雇用安定法は、もともと一九七一年に制定され、その後、何回も改正を繰り返し、最近の改正は二〇一三年に施行されている。この法律は、若年層の次に失業率の高い高齢者（五五歳以上）を対象とした就労促進対策である。しかし、未熟練の若年者やハンディキャップのある心身障害者と異なり、長い仕事経験をもつ高齢労働者に対して、なぜ特別の支援策が必要とされるのだろうか。

この法律自体は対象者の性別を問わないものの、女性高齢者の失業率は他の年齢層よりも低く、五〇歳代から失業率が高まるのは男性だけであることから、もっぱら高賃金の男性労働者が対象といえる。これは長期雇用保障と年功賃金制度の下で、定年退職時、あるいはその直前の年齢での退職の際に、年功賃金と市場賃金とのギャップが大きいため、希望する退職前賃金での再就職先が見つからない場合が多いことによる。

特定の企業内で、新卒採用時から幅広い職種を渡り歩くことで、その企業内部では多様な人的ネットワークをもつ熟練労働者であっても、企業内労働市場から離れた外部市場で求められる特定のスキルを欠いている場合には、離職前の賃金水準を大幅に引き下げたとしても再就職先を得ることは困難となる。このため、定年退職まで勤続した企業に再雇用を求めることは、日本の雇用慣行を所与とすれば、政府にとって現実的な高齢者の雇用安定化政策といえる。また背景には、厚生年金の支給開始年齢を六五歳に引き上げることとの代償として、大企業を中心とした労働組合の団体がその年齢までの雇用保障を政府に求めたことへの政治的な妥協があった。しかし、退職前の企業に依存する形で、高齢者の雇用保障を行うことは、働く意欲をもつ高齢者が仕事の能力に応じて、年齢にかかわらず働き続けるという高齢化社会の基本的な理念と矛盾する。

さらに、特定の企業の負担で、元の従業員に限定した高齢者の雇用保障を強いるという手法は、同じ高齢の就業希望者のうち、定年退職時まで大企業に雇用されていた労働者の「特権」の延長を、政府が法律で義務付けるものである。賃金の低い中小企業はもともと人手不足の場合が多く、六五歳までの雇用は事実上保障されている。同一企業で六〇歳以降の雇用を保障する必要があるのは、賃金水準の高い大企業特有の問題である。本来、個々の労働組合が労使交渉を通じて企業に要求すべきことを、政府が代わりに法律で企業に強制することになる。これは政府の直接的な支出を伴わないものの、形を変えたシルバー民主主義の現れともいえる。

高年齢者雇用安定法は二〇一三年に改正され、高齢労働者保護がさらに強化された。当初の法律では、労使間で協定を結び、一定の水準以下の仕事能力の労働者の再雇用を受け入れないことが可能であったが、改正後は希望者全員の継続雇用が義務付けられるようになった。定年退職制度はもともと、個々の労働者の生産性の差にかかわらず企業が雇用を保障するタイムリミットであったが、改正法でその期間が、事実上、五年間延長されたことになる。

派遣法も中高年正社員保護策

労働市場におけるシルバー民主主義の現れ方は、高年齢者雇用安定法だけではない。日本の労働者派遣法は、正社員を派遣社員との競争から守ることが法律自体に明記された、世界に例の少ない法律である。そこには、三四歳以下の若年層の比重が高い派遣社員と、中高年層に多い正社員という世代間対立の要素も見られる。

二、三年ごとに改正を繰り返している労働者派遣法は、建て前と本音が大きく乖離《かいり》している法律の典型例といえる。派遣社員は、特定の職務を行うことを前提に派遣会社に雇用され、そこから一般の会社に派遣される特殊な形態の働き方である。こうした間接雇用は、労働者保護の面で良くないとされるが、直接雇用だけでは対応しがたい雇用の需要と供給とのミスマッチを解消するひとつの有力な手段である。

日本では、特定の会社に新卒採用され、その会社内の労働市場で配置転換を繰り返し、その企業に特有の技能を身につける働き方が安定的で望ましいとされる。正社員は年齢や勤続年数に応じて賃金が上がり、定年までの雇用が保障される。それと対照的な働き方が、どの企業でも通用する定型的な業務をこなす派遣社員である。派遣社員は日本では例外的な同一労働・同一賃金の職種別労働市場に属している。

派遣社員は有期雇用契約が大部分を占め、雇用が不安定な「悪い働き方」とされている。しかし、とくに景気循環の過程で需要が大きく変動する製造業などでは、その緩衝役となる派遣社員などの非正社員が、正社員の雇用保障を守るために不可欠な存在となる。非正社員は短期の雇用契約が多いため、契約を更新しなくても解雇に伴う紛争が生じない。そのため、経済成長が減速した一九九〇年代初めから増加を続けて、雇用者全体の四割弱にまで増えている。

特定の企業内で雇用が保障される正社員と、そのために景気変動のクッション役となる非正社員、とりわけ専門職の比率が高い派遣社員との間には、一種の「身分格差」が存在している。これと対照的なのが「先任権ルール」であり、米国の工場等で働く労働者は、不況時の雇用調整の手段として、個々の職種ごとに新しく雇用されたものから順に一時解雇される。長い経験をもつ労働者の雇用が保障されることは日本企業と共通しているが、一時解雇される労働者との違いは勤続年数の差に過ぎない。正社員であれば新入社員でも雇用が保障される一方で、長年勤続した非正社員の契約が解消される日本の階層構造とは、根本的に異なっている。

日本の労働者派遣法には、他の先進国にはない「(正社員が派遣社員に代替されることを防ぐ)常用代替防止」という規定があり、これが派遣労働者の働き方を制限する主な根拠となっている。しかし、現行の正社員の働き方が企業にとって望ましいものであれば、あえて法律で定めなくとも、企業は自主的にその雇用を保障するはずである。他方で、企業は経済社会環境の変化に対応して、企業内の幅広い業務を行えるものの不況期に雇用保障が必要な正社員の比率を下げ、特定の業務しかできなくても雇用保障の要らない派遣社員の比率を引き上げる「雇用のポートフォリオ」の修正に迫られている。それを法律で妨げるのは、雇用契約自由の原則に反するだけでなく、不況期にも雇用を守れる範囲内に企業の雇用需要自体を抑制する要因となる。

現在の長期雇用保障や年功賃金の慣行は、法律で定められたものではなく、高度成長の過程で、企業が自発的に作り出したものである。生産性に見合わない高賃金の正社員を保護するために、相対的に弱い立場の派遣社員の働き方を規制することは、労働政策として公平でも効率的でもない（八代2015）。

大企業の働き方が変わるべき

多くの先進国の雇用契約は、労働者が特定の業務を特定の場所で行うことを明記し、それを前提に報酬を受け取るものである。日本でも戦前の労働市場では、そうした職人型の契約が一般的であった。しかし戦後の高度成長期、極端な労働力不足の下で個々の企業が労働者を抱え込み、企業内での訓練を通じて、多様な職種に対応できる労働者を養成する企業内労働市場が拡大した。

特定の職種に就いて専門的な技能をもつ職人には、技能の高低差による報酬の違いはあっても、年齢により報酬が変化することはない。他方で、企業別の労働市場で多様な業務に対応することが期待されている社員は、具体的な職種を基準に評価することが困難なために、それに代わる一般的な指標として年齢や勤続年数が用いられざるを得ない。しかし、年齢が賃金を決める主要な基準となる仕組みは、高齢労働者の比率が持続的に高まる労働市場の下では維持することが困難となる。このため高齢労働者の契約を合法的に打ち切ることができる定年退職制度は、企業にとって貴重な存在となり、その時期を引き上げることは困難となる。

多様な労働者が、年齢や性別にかかわりなく、自らの技能に応じた報酬で働き続けられるためには、職種別労働市場への改革が求められる。職種別労働市場とは、企業内労働市場の範囲の狭い中小企業の働き方である。つまり、少子高齢化社会に見合った働き方の改革は、もっぱら大企業の労働市場の問題である。労働法制は特定の働き方を望ましいものとして保護するのではなく、個々の企業内での働き方を自発的な選択に委ねる、中立的なものでなければならない。

真の同一労働・同一賃金の実現

二〇一五年に、労働者派遣法の改正とセットで「同一労働同一賃金推進法」が成立した。労働者派遣法の改正を契機に、正社員と派遣社員との賃金格差の解消を目的としたものである。その実現のために企業に協力を求める「努力義務規定」にとどまっているものの、雇用形態の差による賃金格差を是正するための法制上の措置などを、三年以内に講じることとされている。

この法律については、当初の「業務に応じた待遇の均等」というシンプルな内容が、「業務の内容及び当該業務に伴う責任の程度その他の事情に応じた均等な待遇及び均衡のとれた待遇」に修正されたことで「骨抜き」と批判された。しかし、これは肝心の「業務」の内容をどう定義するかにも依存している。むしろ、労働者の訴えに応じて企業に十分な立証責任を果たす義務を求めるか否かが、より重要な点である。

同じ職種なら「人種や性別にかかわらず同じ賃金」という原則は、日本でも男女雇用機会均等法に明記されている。これが職種別の労働市場であれば、単に「年齢」という要素を新たに加えるだけで容易に実現できる。しかし、年齢が職種よりも大きな意味をもっている日本の企業内労働市場で、この法律の規定を具体的にどう実現できるのだろうか。

ひとつの手法は、長期勤続の非正社員に年功賃金を適用することであるが、そうなれば、生産性に見合わない高賃金の非正社員の雇用契約は更新されない場合が多くなる。長期雇用が保障されない有期雇用では、年功賃金はほとんど意味がない。結局、同一労働・同一賃金の実現のために変わらなければいけないのは、非正社員ではなく、職種別労働市場からかけ離れた大企業の正社員の年功賃金である。若年労働者が減少し、中高年労働者が増加する下では、賦課方式の公的年金と同様に、いつまでも維持できるものではない。グローバルな市場競争に晒される点で、企業内のシルバー民主主義は、借金に依存し続ける政府と異なり、改革への圧力が高まっている。

なぜ高齢者雇用だけ補助金が出るのか

企業別に組織された労働市場は、その内部にとどまる限り雇用と賃金の安定が保障される。しかし、企業内部の賃金や労働条件は外部の労働市場とかけ離れているため、定年退職などを契機に清算されると、市場での仕事能力の評価と大きなギャップが生じる。これが六〇歳代の高齢者の高い失業率に反映されているが、それに対して政府は、高齢者の雇用を促進するために、さまざまな補助金を用意している。

まず、年齢が高まるほど仕事能力の差が拡大する高齢者を新規に雇用することは、企業にとってリスクが大きいため、数ヵ月単位で雇用契約を解消できる「トライアル（試用）雇用」という雇用形態を用意し、これを活用する企業にその労働者の賃金の一部を助成する仕組みである。また、定年退職後の六〇～六四歳の年齢層に限定し、公共職業安定所による職業紹介で就職した場合、賃金助成がなされる仕組みもある。最近では、これを六五歳以上にも適用し、さらに民間事業者による職業紹介の場合にも使えるようにするなど、対象範囲が拡大されてきた。

雇用保険でも、失業給付とは別に、定年退職後に再就職する高齢者への支援措置がある。定年退職前と比べて大きく減少する高齢者の賃金に補助金を出すことで、就業意欲を高める仕組みである。この高年齢雇用継続給付は、失業給付のような「働かないことへの補助金」と正反対の「働くことへの補助金」という点では優れている。しかし、こうした仕組みが、なぜ失業率の高い若年者ではなく、定年退職後の高齢者に対してのみ設けられているのだろうか。それは定年退職前の高齢者の年功賃金が、市場の職種別賃金と比べて高すぎることから、高齢者の就業意欲が低下することを補うためである。これは若年者の労働生産性を高めるための教育訓練などと比べて後ろ向きの支出であり、高年齢者を優遇するシルバー民主主義のひとつの現れといえる。

失業給付も高齢者優遇

高齢者の優遇措置は、失業給付の決め方にも反映されている（図表8－4）。一日当たりの給付額は、一部の低賃金層を除き、失業前の賃金の五割程度に抑制されているが、その結果、年功賃金の高齢者ほど高い水準となる。また、給付日数は、失業の要因が労働者に強制される倒産や解雇によるか、自発的なものかに分けられる。定年退職による離職は、強制されたものではあるが、あらかじめ予測できることから自発的な失業の方に含まれる。給付日数には、失業する前の同一企業での勤続年数、および失業者の年齢が大きく影響する。このうち、勤続年数で差をつけるのは、頻繁に退職を繰り返して失業給付を受給することを防ぐ目的があるが、なぜ年齢が重要になるのだろうか。

年齢が高いほど給付日数が長くなる理由は、高齢者ほど新たな職を見つけることが困難だからとされる。年功賃金体系の日本では、中高年になるほど、失業前賃金と比べて再就職賃

図表8－4　失業給付の給付日数

	勤続年数				
	1年未満	1～4年	5～9年	10～20年	20年以上
①倒産・解雇等による離職					
30歳未満	90	90	120	180	－
46～64歳	90	180	240	270	330
60～64歳	90	150	180	210	240
②定年・自発的離職	90	90	90	120	150
③就業困難者					
45歳未満	150	300	300	300	300
45～64歳	150	300	300	300	300

出所）厚生労働省資料（2015）

金は大きく低下する。そのため高齢者は、前職の五割の賃金に等しい失業給付であっても、労働市場での再就職可能賃金と比べて大差ない水準となり、就業意欲が低下する。このことが結果的に、失業期間を長引かせる大きな要因となる。

以上のように、失業給付の日額は年功賃金に依存し、また給付日数は年齢と勤続年数に比例して定められている。これは、被保険者が高い賃金に見合った保険料を長期にわたって負担するほど失業給付の受取額が多くなるという仕組みであり、「従前生活の保障」という、厚生年金と同一の考え方に基づいている。しかし失業保険がなぜ、老後の生活保障のための公的年金のように「保険料に見合った給付」の仕組みとなっているのだろうか。医療保険や勤労時の介護保険では、保険料は賃金比例だが、給付は平等であり、所得再分配の要素が大きい。

「失業」という事故に備える雇用保険は、年金よりも医療・介護に近い性格の社会保険と考えられる。そうであれば、失業中の最低限の生活を保障するための日額給付は過去の賃金と連動しない一律の給付でよく、また給付日数は年齢に無関係な就業年数だけで定めればよいという考え方もできる。そうした論理が採用されないことは、高賃金で勤続年数の長い労働者主体の大企業の労働組合が、シルバー民主主義の担い手として、年金だけでなく失業給付についても「従前生活の保障」を求めていることによる面もあろう。

欧州の高齢者労働政策

欧州大陸では、一九八〇年代から九〇年代にかけて、失業率の高い若年者の雇用機会を広げるために、高齢者の早期退職を促進した。しかし高齢者が引退すれば、その仕事が若年者に回るというのは机上の計算に過ぎない。現実には、高齢者の引退に見合って増える年金給付額が社会保障費の増加を通じて企業の賃金コストを高めたことから、結果的に雇用需要が減少し、若年者雇用の増加には結びつかなかった。こうした経験もあり、二〇〇〇年代初めからは、社会保障財政の圧迫を防ぐ目的で、逆に高齢者（五五〜六四歳）の就業率の引き上げにより社会保障費を抑制する「活力ある高齢化（Active aging）」へ政策目標が転換された。

公的年金が高齢者の退職行動に与える影響を示す指標としては、引退前の賃金に対する公的年金給付の比率が用いられる。これが大きいほど、労働市場からの引退が促進されやすい。しかし、より重要な指標としては、単年度の年金額ではなく、高齢者が就業を継続することで毎年失う「年金資産」と、働かなければ生涯に受け取れる年金資産との比率である、「暗黙の課税率」がある。これは、高齢者が年金受給年齢に達したにもかかわらず、あえて就業を継続する場合には、毎年「得べかりし年金資産」を失うという意味での機会費用が発生するためである。

例えば二〇〇〇年以前のドイツでは、高齢者はとくに明確な障害がなくとも、単に一般的に働くことが困難というだけで障害年金が受給できた。これが事実上の早期退職年金の役割を果たしており、早期に退職しなければ、生涯に受け取れる年金資産が少なくなってしまうことになる。この暗黙の課税率と高齢者の就業率の間には、主要な先進国の間で一定の相関関係が見られる（Gruber and Wise 1999）。これは、国ごとの「文化」の違いにかかわらず、高齢者の就業行動には共通のインセンティブがあることを示したものといえる。

高齢者の就業意欲を維持するためには、いつ労働市場から引退しても、生涯に受け取れる年金資産の額は不変になるような「保険数理的に公平な年金制度」が必要とされる。これは日本でも基礎年金の繰り上げ・繰り下げ受給という形で、部分的には実現している。

「年齢不問」の社会へ

高齢者の労働就業行動は公的年金制度と密接な関係にある。人口に占める高齢者の比率が持続的に増える高齢化社会では、意欲と能力の高い高年齢者がいつまでも働き続けられる労働市場の整備が不可欠となる。しかし、個人の年齢に大きく依存した現行の年功昇進・賃金の慣行、すなわち「企業内のシルバー民主主義」は、個人の仕事能力にかかわりなく画一的な定年退職制という「年齢差別」を生んでいる。企業内で高齢者を大事にする慣行によって、結果的に高齢者が邪魔になり、その画一的な退職を求めることになるためである。高齢者が希少であった時期に形成された、企業内のさまざまな高齢者優遇措置を取り除き、世界標準の同一労働・同一賃金を原則とする必要がある。「年齢不問（Age - free）」の社会にふさわしい労働市場や公的年金制度へと改革することが、日本の高齢労働者を最大限に活用するための基本的な方向となる。

おわりに

本書のテーマである「シルバー民主主義」を執筆するひとつのきっかけは、二〇一四年一二月にワシントンのブルッキングス研究所で開かれたIs Japan a Silver Democracy? のセミナーに、元ミシガン大学のジョン・キャンベル教授とともに招待されたことであった。シルバー民主主義の脅威は、高齢化のピークやそのスピードが、米国と比べてはるかに速い日本で、より深刻な問題である。それにもかかわらず、国内では大きな関心をもたれていないことは不思議である。

この問題に注目する研究者の間でも、高齢者を自己の利益を追求するだけのエゴイスト集団と見なし、その政治力を封じ込めるために、現行の投票制度をどう改革するかについて考えることが主流となっている。しかし、そうした「ネコの首に鈴をつける」アプローチは、およそ政治的に実現性の乏しい机上の空論といえる。また、本年で七〇歳に達した筆者自身にとっても、きわめて違和感のある提言である。

日本の高齢者は、正月に孫にお年玉をあげることを楽しみにしている。逆に、孫のお年玉を取り上げるような高齢者は、およそ考えられない存在である。しかし、家族の中では起こり得ないようなことが、現に日本の社会保障制度では生じている。政治の世界では、応分の負担を示さずに社会保障の充実を唱え、子どもや孫の世代に多額の借金を背負わせる政策が当然とされている。しかし、その結果、老後の生活上の大きなリスクを負うのも高齢者自身である。仮に、日本の大部分の高齢者が、借金に全面的に支えられた年金や医療・介護保険の現状を正しく認識すれば、必要な社会保障制度の改革は十分に可能といえる。

年金支給開始年齢の引き上げ等の改革は、小泉内閣と同時期のドイツのシュレーダー首相や最近のオーストラリアでも、国民の大きな反対なしに実現している。なぜ、他の先進国で可能なことが、日本ではできないのだろうか。日本の政治家が考えるほど、団塊の世代の高齢者は近視眼的ではないはずである。

最後に、本書の企画を引き受けていただいた中央公論新社の田中正敏氏と、妻信子の内助の功に感謝したい。

二〇一六年春

八代尚宏

参考文献

青木玲子『ドメイン投票方式はいかに支持されるか』NIRAモノグラフシリーズ、二〇一二年

阿部彩『子どもの貧困』岩波新書、二〇〇八年

阿部彩「貧困率の長期的動向：国民生活基礎調査1985～2012を用いて」二〇一五年 http://www.hinkonstat.net/

池上直己『医療問題〈第4版〉』日本経済新聞出版社、二〇一〇年

内田満『シルバー・デモクラシー』有斐閣新書、一九八六年

内田満『現代アメリカ圧力団体』三嶺書房、一九八八年

太田聰一「雇用の場における若年者と高齢者」『日本労働研究雑誌』六二六号、二〇一二年九月号

大獄秀夫『日本型ポピュリズム』中公新書、二〇〇三年

大竹文雄『日本の不平等』日本経済新聞社、二〇〇五年

大竹文雄・小原美紀「高齢者の貧困がなぜ注目されるのか」『中央公論』二〇一六年三月号

大竹文雄「軽減税率は高所得者が得するバラマキ策」二〇一五年 http://wedge.ismedia.jp/articles/-/5513

岡崎哲二・奥野正寛編『現代日本経済システムの源流』日本経済新聞社、一九九三年
小黒一正・石田良「「余命投票方式」の移行可能性に関する一考察」一橋大学リポジトリ、二〇一二年
葛西龍樹『医療大転換』ちくま新書、二〇一三年
北岡伸一・田中愛治編『年金改革の政治経済学』東洋経済新報社、二〇〇五年
近藤絢子「雇用確保措置の義務化によって高齢者の雇用は増えたのか」『日本労働研究雑誌』六四二号、二〇一四年一月号
佐々木毅『民主主義という不思議な仕組み』ちくまプリマー新書、二〇〇七年
鈴木亘『社会保障亡国論』講談社現代新書、二〇一四年
砂原庸介『民主主義の条件』東洋経済新報社、二〇一五年
清家篤『雇用再生』NHKブックス、二〇一三年
土田武史・田中耕太郎・府川哲夫編『社会保障改革』ミネルヴァ書房、二〇〇八年
坪井栄孝『我が医療革命論』東洋経済新報社、二〇〇一年
ロランス・ド・ペルサン著、齊藤笑美子訳『パックス』緑風出版、二〇〇四年
濱口桂一郎『労働法政策』ミネルヴァ書房、二〇〇四年
濱口桂一郎『日本の雇用と中高年』ちくま新書、二〇一四年

藤田孝典『下流老人』朝日新書、二〇一五年
森政稔『変貌する民主主義』ちくま新書、二〇〇八年
森信茂樹『税で日本はよみがえる』日本経済新聞出版社、二〇一五年
八代尚宏『日本的雇用慣行の経済学』日本経済新聞社、一九九七年
八代尚宏『反グローバリズムの克服』新潮選書、二〇一四年
八代尚宏『日本的雇用慣行を打ち破れ』日本経済新聞出版社、二〇一五年
八代尚宏・鈴木亘・白石小百合「保育所の規制改革と育児保険」『日本経済研究』五三号、二〇〇六年
八代尚宏・島澤諭・豊田奈穂『社会保障制度を通じた世代間利害対立の克服』NIRAモノグラフシリーズ、二〇一二年
八代尚宏・島澤諭・豊田奈穂「国債に依存した社会保障からの脱却」NIRA研究報告書、二〇一三年
渡辺靖『アメリカン・デモクラシーの逆説』岩波新書、二〇一〇年
学術会議「各種選挙における投票率低下への対応策」二〇一四年
厚生労働省「被保護調査」二〇一四年
厚生労働省「いっしょに検証！公的年金」二〇一四年

国立社会保障・人口問題研究所「社会保障費用統計」二〇一五年
全日本年金者組合ホームページ　http://www.nenkinsha-u.org/04-youkyuundou/kigi/kiji_nenkin_sosyou150529.htm
日本銀行「資金循環統計」二〇一五年
Aoki, Reiko and Vaithianathan Rhema, *Is Demeny Voting the Answer to Low Fertility in Japan?*, PIE/CIS Discussion Paper, Hitotsubashi University, 2009.
Archely, Robert C., *Social Forces and Aging*（*Seventh Edition*）, Wadsworth Publishing Co., 1994.
Gruber, Jonathan and Wise, David A. ed., *Social Security and Retirement around the World.*, University of Chicago Press, 1999.
Hayashi, Fumio, *Understanding Savings*, MIT Press, 1997.
Rawls, John, *A Theory of Justice*, Harvard University Press, 1971.（矢島鈞次監訳『正義論』紀伊国屋書店、一九七九年）
OECD, *Ageing in OECD Countries*, 1996.
OECD, *Ageing and Income*, 2001.
Vanhuysse, Pieter and Goerres, Achim, ed., *Ageing Population in Post-industrial Democracies*, Routledge, 2012.

八代尚宏（やしろ・なおひろ）

1946年，大阪府生まれ．68年国際基督教大学教養学部，70年東京大学経済学部卒業．経済企画庁（現内閣府），上智大学国際関係研究所教授，日本経済研究センター理事長，国際基督教大学教授等を経て，現在，昭和女子大学グローバルビジネス学部特命教授．安倍・福田内閣で経済財政諮問会議議員．メリーランド大学博士（経済学）．
著書『現代日本の病理解明』（東洋経済新報社，1980年，日経・経済図書文化賞）
『日本的雇用慣行の経済学』（日本経済新聞社，1997年，石橋湛山賞）
『新自由主義の復権』（中公新書，2011年）
『日本的雇用慣行を打ち破れ』（日本経済新聞出版社，2015年）
など

シルバー民主主義《みんしゅしゅぎ》
中公新書 *2374*

2016年5月25日発行

著　者　八代尚宏
発行者　大橋善光

本文印刷　三晃印刷
カバー印刷　大熊整美堂
製　　本　小泉製本

発行所　中央公論新社
〒100-8152
東京都千代田区大手町 1-7-1
電話　販売 03-5299-1730
　　　編集 03-5299-1830
URL http://www.chuko.co.jp/

Published by CHUOKORON-SHINSHA, INC.
Printed in Japan　ISBN978-4-12-102374-2 C1233

中公新書

経済・経営

g1

2000 戦後世界経済史 猪木武徳
2185 経済学に何ができるか 猪木武徳
1936 アダム・スミス 堂目卓生
1465 市場社会の思想史 間宮陽介
2123 新自由主義の復権 八代尚宏
2228 日本の財政 田中秀明
2307 ベーシック・インカム 原田泰
1896 日本の経済―歴史・現状・論点 伊藤修
2338 財務省と政治 清水真人
2287 日本銀行と政治 上川龍之進
2041 行動経済学 依田高典
1658 戦略的思考の技術 梶井厚志
1871 故事成語でわかる経済学のキーワード 梶井厚志
1824 経済学的思考のセンス 大竹文雄
2045 競争と公平感 大竹文雄
2364 左遷論 楠木新
2124 日本経済の底力 戸堂康之
1657 地域再生の経済学 神野直彦
2240 経済覇権のゆくえ 飯田敬輔
2064 通貨で読み解く世界経済 小林正宏・中林伸一
2219 人民元は覇権を握るか 中條誠一
2145 G20の経済学 中林伸一
2132 金融が乗っ取る世界経済 ロナルド・ドーア
2111 消費するアジア 大泉啓一郎
2199 経済大陸アフリカ 平野克己
290 ルワンダ中央銀行総裁日記（増補版） 服部正也
1700 能力構築競争 藤本隆宏
2275 アメリカ自動車産業 篠原健一
2245 鉄道会社の経営 佐藤信之
2308 新幹線の歴史 佐藤信之
2260 イノベーション戦略の論理 原田勉
2374 シルバー民主主義 八代尚宏